Auf den Vorsatzblättern sind vier Federzeichnungen des Malers und Grafikers Franz-Josef Magnus (1900—1990) abgebildet. Aus seinem umfangreichen Schaffen hinterließ er u. a. zahlreiche Motive aus dem alten Betzdorf. Sie haben über ihren hohen künstlerischen Wert hinaus inzwischen auch dokumentarische Bedeutung erhalten.

Horst G. Koch: Betzdorf − Junge Stadt an Sieg und Heller (II)

Verlag Gudrun Koch
G.-v.-Mevissen-Straße 57
D-57072 Siegen
Tel. (02 71) 4 21 60

Alle Rechte vorbehalten

Siegen/Betzdorf 1993

Druck: Vorländer, Siegen

ISBN 3−928343−03−3

Betzdorf

Junge Stadt an Sieg und Heller (II)

von Horst G. Koch

Historische Beratung von
Dr. Thomas A. Bartolosch

Herausgegeben von der Stadt Betzdorf

Bildnachweis

Dr. Gerhard Hermann: S. 84

Franz-Josef Magnus: Zeichnungen auf den Vorsatzblättern

Erich Nolden: S. 43

Sammlung Otto Pommerenke: S. 19

Erwin Rickert: S. 6, 55

Schäfer Shop International/Luftbildverlag für Industrie und Handel GmbH, München: S. 33

Peter Weller (Fotos im Besitz der Stadt Betzdorf): S. 26 − 28

Stadt Betzdorf: S. 8, 14/15, 25, 29, 56/57

Wolfgang Zöller: S. 18

Sammlung Horst G. Koch: S. 10, 13, 17, 21, 22, 23, 31

Horst G. Koch: alle weiteren Fotos

Zu den Fotos auf dem Einband: Der Rampenwendel in der Bahnhofstraße − zunächst umstritten, heute ein „Wahrzeichen" der jungen, aufwärtsstrebenden Stadt Betzdorf. − Auf der Rückseite (von oben): Konrad-Adenauer-Platz, Treibachse einer 44er Dampflokomotive, Handwerksemblem (Uhrmacher) auf der Viktoriastraße, „Hähners Haus" mit der St.-Ignatius-Kirche, Bahnhofstraße mit Kastanie, „Siegpassage".

„Suchet der Stadt Bestes"

Vierzig Jahre im Leben einer Stadt sind nichts Außergewöhnliches. Es ist jedoch ein erster Abschnitt, in dem Bewertungen vorgenommen werden können. Vierzig Jahre spielen in der Zeitspanne von Menschenleben und Völkerschicksalen eine große Rolle. Es kommt zu einem vollständigen Generationswechsel. Von daher bietet es sich an, Rückblick zu halten und einen Ausblick auf Kommendes zu geben.

Läßt man das Jahr 1953 vor dem geistigen Auge entstehen und ruft dabei den 10. Oktober wach, dann sind es die Worte von Ministerpräsident Dr. Peter Altmeier „Betzdorf als wichtiger Eisenbahn- und Verkehrsknotenpunkt, zugleich eine wirtschaftliche Zentrale von Handel, Handwerk und Gewerbe", die auch heute noch grundsätzlich ihre Geltung haben. Allerdings ist in diesen 40 Jahren ein grundlegender Strukturwandel eingetreten. War es damals die nach mühsamen Entflechtungsverhandlungen gegründete Erzbergbau Siegerland AG oder das Eisenbahnausbesserungswerk, die das Leben in der Stadt weitgehend prägten, so bestimmen heute ganz andere Zweige von Gewerbe, Industrie, Handel und Handwerk das wirtschaftliche Geschehen. Mutige Entscheidungen mußten getroffen werden, um sich dem Fluß der Zeit anzupassen. Dafür gab es aber gute Voraussetzungen. Es sind nämlich letztlich die Menschen, die Geschichte schreiben, und Betzdorf wird von einem Menschenschlag bestimmt, der flexibel und anpassungsfähig mit den Unwägbarkeiten der Zeiten fertig wird. So konnte aus diesen Wurzeln Neues wachsen, das sich konkret in Veränderungen der Verkehrsinfrastruktur, Erschließung von Gewerbe- und Industriegebieten sowie Stadterneuerung/Stadtsanierung niederschlug. Dabei kam es sicher auch zu Fehlern. Aber immer wieder hat man sich zu Kraftakten entschlossen und diese dann auch durchgekämpft. Nicht alles konnte gelingen; so fehlt es heute noch an einer Umgehung für den innerstädtischen Bereich.

Doch gerade in den letzten Jahren kann Betzdorf auf große Erfolge zurückblicken, die sich in einem ganz neuen Stadtbild äußern. Traditionelles wird bewahrt, aber Betzdorf hat ein neues Gesicht bekommen. Selbstbewußt haben deshalb Rat und Aktionsgemeinschaft der Stadt den Slogan gegeben: „An Betzdorf geht kein Weg vorbei." Dieser Slogan und weitere Thesen für das Leben in unserer Stadt sollen ein Leitbild sein, an dem wir uns orientieren. Vor allem auch der kulturelle Erlebniswert einer Stadt ist wichtig, um eine Identifikation von Bürgern und Gemeinde zu erreichen. Hier wurde gerade in der letzten Zeit Hervorragendes geleistet und muß auch in Zukunft fortgesetzt werden.

So bewertet, waren dies 40 gute Jahre in der Geschichte der Stadt Betzdorf. Ich danke Herrn Horst G. Koch für die Erstellung dieses Buches „Junge Stadt an Sieg und Heller", das sich als Fortsetzung eines bereits beim 25. Stadtgeburtstag erschienenen Werkes

Bürgermeister Michael Lieber während der Einweihung der „Fußgängerzone untere Bahnhofstraße" am 2. Mai 1992 – mit Staatsminister Walter Zuber und MdB Ulrich Schmalz (vorne von links), den Beigeordneten Helmut Geimer und Hermann Reineri.

versteht. Möge das Glück dieser jungen Stadt an Sieg und Heller hold bleiben und auch weiterhin die Verantwortlichen dieser Stadt gemeinsam mit der Bürgerschaft nach dem Motiv handeln: „Suchet der Stadt Bestes."

Michael Lieber, Bürgermeister

STERNSTUNDEN ÜBER DER SIEG

Ein Glücksstern scheint − zwischen dunklen Wolken − über dem Tal der Sieg zu stehen. Dort, wo sie in ihrem Lauf zum Rhein die Heller aufnimmt, wird er als „Zeichen" der Zeit gesehen und in seiner Bedeutung richtig erkannt: nicht als wundersame Himmelserscheinung, sondern als ein Signal für bedeutsame Entwicklungen und rechtzeitige Entscheidungen. Dreimal zeichnen sich für Betzdorf diese Sternstunden hell und klar ab, in denen die Weichen für die Reise in die Zukunft gestellt werden.

Eine solche glückliche Stunde bedeutet die Entscheidung für den Bau der Eisenbahnstrecke Köln−Gießen über Betzdorf mit einer Zweigbahn nach Siegen. Damit wächst das unscheinbare (Betz-)Dorf in die Funktionen eines schon bald urban geprägten Verkehrsknotenpunkts an der damaligen Hauptverbindung Köln-−Frankfurt am Main.

Zum zweiten Mal scheint der Glücksstern über Sieg und Heller zu leuchten, als sich Betzdorf seit dem Niedergang der Montanindustrie im Siegerländer Wirtschaftsraum grünes Licht für die Ansiedlung neuer Industriebetriebe gibt.

Auf dieser Grundlage zeichnet sich die dritte Sternstunde ab: Betzdorf, im Jahr 1953 von der rheinland-pfälzischen Landesregierung zur Stadt erhoben, nutzt als erste Kommune im Landkreis Altenkirchen die Möglichkeiten der Stadtkernsanierung im Rahmen des Städtebauförderungsge-

setzes. Mit dem „Jahrhundertprojekt", dem Bau des zentralen Omnibusbahnhofs „Konrad-Adenauer-Platz", kann die umfassende städtebauliche Erneuerung begonnen werden. Die junge Stadt entwickelt sich selbstbewußt und mit großen Schritten zum Zentrum zwischen Siegerland und Westerwald.

SCHICKSALHAFTE ENTSCHEIDUNG

In der Chronologie der Ereignisse erhält der 22. Juni 1854 eine für Betzdorf schicksalhafte Bedeutung. An diesem Donnerstag übernimmt die Köln-Mindener Eisenbahngesellschaft im Einvernehmen mit der preußischen Staatsbehörde vertraglich den Bau und den Betrieb der zunächst eingleisigen Siegtalstrecke. Betzdorf zählt damals rund 45 Haushaltungen.

Die Linienführung über Betzdorf gilt bis zu diesem Zeitpunkt noch nicht als selbstverständlich. Es gibt auch andere Ideen: zum Beispiel für eine Eisenbahn nach Limburg und von „da über den Westerwald an Hachenburg vorbei durch das Nister- und Siegtal nach Deutz". Außerdem arbeitete der belgische Ingenieur Splingard am Projekt einer Eisenbahnstrecke. Sie soll von Deutz über Siegburg und „von da unter Benutzung der passend gelegenen Seitentäler der Sieg in möglichst gerader Richtung in das obere Lahntal nach Marburg führen,

um daselbst die Main-Weser-Bahn zu treffen".

Nachdem diese beiden Vorhaben aus finanziellen und wirtschaftlichen Gründen aufgegeben werden, steht der Anschluß Betzdorfs an die Eisenbahn noch lange nicht fest. Vor allem in Köln wurde für „die Notwendigkeit einer sogenannten Mittelrhein-Bahn zur Verbindung des holländischen und belgischen Eisenbahnnetzes mit dem Eisenbahnsystem in Mittel- und Süddeutschland" gestritten. Mit diesem Projekt soll die kürzeste Verbindung zwischen Köln und Frankfurt am Main hergestellt werden.

MILITÄRISCHE EINWÄNDE

Von einer Bahn im Rheintal mußte jedoch aus militärischen Gründen − im wahrsten Sinne des Wortes − Abstand genommen werden. Sie wäre „an maßgebender Stelle an den Ufern des Rheins feindlichen Angriffen zu leicht ausgesetzt".

Auch der Rückgriff auf die frühere Idee, eine Bahnstrecke von Köln-Deutz „jenseits von Siegburg sofort auf das Plateau des Westerwalds" über Altenkirchen, Hachenburg, Limburg und Wiesbaden zu bauen, führt an Betzdorf vorbei. Schließlich kann dank „eifrigster Befürwortung" eines Prominentenkomitees in Kirchen die Verbindung durch das Siegtal durchgesetzt werden. Von Betzdorf soll sie

„das Hellertal bis zur Wasserscheide zwischen Heller und Dill und nach Überschreitung derselben in dem sogenannten Würgendorfer Sattel in das Tal der Dill hinabsteigen, aus demselben bei Wetzlar ins Lahntal eintreten und in demselben aufwärts bis Gießen zur Vereinigung mit der Main-Weser-Bahn geführt werden".

IM DUNKEL DER GESCHICHTE

Der Vertrag vom 22. Juni 1854 kann — im weitesten Sinne — als die Geburtsurkunde von Betzdorf bezeichnet werden, zumal sich die Anfänge im Dunkel der Geschichte verlieren und ein Gründungsdatum bisher nicht

Das Betzdorfer Wappen: „Schild gespalten, vorne Rot, ein goldener, herausschauender, rot bezungter Löwe, hinten in Schwarz ein silberner Schrägbalken, belegt mit drei schwarzen Eberköpfen. Das Wappen nimmt auf die historische Vergangenheit von Betzdorf Bezug und vereinigt die Wappen der Grafen von Sayn (Löwe) und der Herren von Freusburg" (Eberköpfe).

entdeckt worden ist. Nur so viel ist bekannt: das heutige Stadtgebiet im Lebensraum keltischer Stämme, die sich seit etwa 600 v. Chr. als „Eisenspezialisten" im Siegerland angesiedelt hatten. In einer Schenkungsurkunde zu Haiger (1048) werden der Hof „Weiselstein" am Elbbach unweit von Dauersberg als Grenzpunkte erwähnt. Demnach ist anzunehmen, daß auch Betzdorf und der nähere Umkreis zum „Haigergau" und auf kirchlichem Sektor zur Mutterkirche Haiger gehörten.

„ZOLL AUF SANKT BARBARA"

Auf die Besitzergreifung der Gegend durch die Grafen von Sayn im 13. Jahrhundert weist noch heute im Betzdorfer Stadtwappen (seit 1936) der saynische Löwe neben den drei Eberköpfen hin, den Symbolen der Herren von Freusburg.
Sankt Barbara, der Schutzpatronin der Berg- und Hüttenleute, ist eine Kapelle geweiht, die bereits 1346 nachrichtlich und seit 1489 urkundlich erwähnt wird. Sie stand auf dem Areal des Hohenbetzdorfer Hofs, der für den Lebensunterhalt der Seelsorger und die Erhaltung des Gotteshauses zu sorgen hatte.
Ein weiterer Hinweis auf die Kapelle folgt in einem von Engelbrecht I., Graf zu Nassau und Vianden, Herr zu Leck und Breda, veranlaßten Untersuchung (1437) der Steuerkraft in der Herrschaft Freusburg. Den Anlaß dazu gab die Vermählung seiner Tochter Margaretha mit Graf Dietrich I. von Sayn. In diesem Prüfbericht werden der

„Zoll zu Betzdorf" und der „Zoll von den Kirmessen" in Betzdorf erwähnt. Beim ersteren dürfte es sich um einen Wegezoll gehandelt haben. Für unsere Betrachtung interessanter ist die 1437 erfolgte Erwähnung eines ‚Zolls von den Kirmessen'. Diese Abgabe wird später als ‚Zoll auf St. Barbara' bezeichnet", wie Erich Vierbuchen (Alsdorf) nach umfangreichen Recherchen im Hessischen Hauptstaatsarchiv schreibt.
Der Festtag der Schutzpatronin der Berg- und Hüttenleute — die „Kirmes" — wird bis zur Einführung der Reformation um das Jahr 1541 gefeiert — und als „Barbarafest" der Aktionsgemeinschaft des Betzdorfer Einzelhandels seit 1986 alle Jahre wieder.

SCHENKUNG IN „TURSBERG"

Als „Tursberg" wird Dauersberg in einer Urkunde vom 25. März 1291 (Hessisches Hauptstaatsarchiv Wiesbaden Abt.-Nr. 74/130) anläßlich einer Schenkung des Ritters Rorich von Gevertzhan genannt. In einer verkürzten Übersetzung lautet der lateinische Originaltext: „Ich, Ritter Rorich, genannt ‚von Gevertzhan', und meine Frau Benigna bekunden hiermit, daß wir mit Zustimmung unserer Kinder dem Abt und Konvent zu Marienstatt jährlich 6 Schilling Zins von unseren Gütern in Tursberg geben, fällig zu Martini, zu unserem Seelenheil und dem von Herrn Rorich und Frau Christina (Ritter Rorichs Eltern) und von Albert und Hildegund (Eltern von Rorichs Frau Benigna)." Ulrich

Hetzel schreibt dazu in der gelungenen Dorfchronik „700 Jahre Dauersberg" (1991): „Wie lange unser ‚Tursberg' damals schon existiert hat, läßt sich schwer sagen. Es ist anzunehmen, daß es wesentlich älter als 700 Jahre ist, zumindest der wahrscheinlich erste Hof bzw. der ‚Ur-Hof Tursberg'."

ANGESEHENER JURIST

Schon recht früh brachte Betzdorf eine angesehene Persönlichkeit hervor: Dr. Konrad Betzdorf (1518—1586). Er war Professor und Rektor der Universität Köln, Syndikus und Gesandter der Freien und Reichsstadt Köln. Er erscheint wiederholt in alten Registern der Universität Köln: zunächst als immatrikulierter Student, später als Doktor für beide Rechte, als Professor und dreimal als von den ordentlichen Professoren der juristischen Fakultät gewählter Dekan. Als Syndikus und Gesandter der Reichsstadt Köln genoß Dr. Konrad Betzdorf jahrzehntelang hohes Ansehen. Er stand zur Zeit der Reformation zwar auf seiten der Jesuiten, vermittelte dabei aber zu aller Nutzen. Schließlich hat er 1570 die sogenannte „Kölner Prozeßordnung" verfaßt, womit er sich als Jurist in Fachkreisen durchsetzte.

JAHRHUNDERTE GEHEIMGEHALTEN

Erstmals erscheint Betzdorf im Jahr 1573 auf einer Landkarte im „Brüsseler Atlas" von Christian S'Grooten (1530—1603) mit dem Symbol eines steinernen Gotteshauses: der St.-Barbara-

Die heilige Barbara lebte der Legende nach im 4. Jahrhundert in Nikomedien (Kleinasien) und wurde wegen ihres christlichen Glaubens hingerichtet. Sie ist Schutzpatronin der Bergleute und wurde deshalb im Siegerland oft verehrt. Aus diesem Grund befindet sich ihr Bild auch auf dem Hauptaltar der Betzdorfer St.-Ignatius-Kirche: „Hier wird sie mit dem Turm dargestellt. Er ist ein Bild für den Menschen, dessen Fundamente tief in der Erde verwurzelt sind und die in die Tiefen des Unbewußten reichen, der sich aber zugleich bis in den Himmel ausstreckt. In Barbara können wir ein Bild für die Kontemplation sehen, in der Gott mit uns in unserem Turm wohnen möchte" (Pfarrer Georg Koch).

Kapelle. Vermutlich war der überwiegend in Kalkar lebende und arbeitende Kartograph in der Zeit spanisch-burgundischer Machtansprüche mit der Erkundung der geographischen Verhältnisse im deutschen Reichsgebiet beauftragt worden. Seiner Zeit weit voraus, erkannte er die verkehrsgünstige Lage Betzdorfs. Politische und militärische Gründe waren für die Anfertigung seiner Atlanten von 1573 und 1592 maßgebend. Sie wurden deshalb geheimgehalten und erst nach Jahrhunderten wiederentdeckt.

NUR NEUN FAMILIEN

Aus der ältesten Einwohnerliste Betzdorfs (Landeshauptarchiv Koblenz) geht hervor, daß 1624 insgesamt 19 „Räuche" (Haushaltsvorstände) gezählt wurden. Die meisten der 16 Häuser standen im Bereich des heutigen Altbetzdorf. Außer dem schon 1366 erwähnten „Struthof" bestanden ein sogenannter „Bannhof" (damals Gemarkung Scheuerfeld) im Bereich der „Kolonie", ein Hof Imhausen im Imhäuser Tälchen und ein Hof Hohenbetzdorf (damals Gemarkung Wallmenroth) im Bereich des Klosterhofs. Die Zählung diente steuerlichen Zwecken.

Im Jahr 1693 wurde erneut gezählt. Es lebten nur noch neun Familien in Betzdorf — vermutlich noch eine Folge des Dreißigjährigen Kriegs (1618—1648).

Weitere interessante Hinweise gibt Johann Heinrich Lamprecht, Amtsaktuar der Grafschaft Sayn-Altenkirchen, in seiner Beschreibung der Ämter Freusburg und Friedewald. Demnach zählte

Betzdorf mit dem Symbol eines steinernen Gotteshauses, der St.-Barbara-Kapelle, im Atlas des Kartographen Christian S'Grooten.

„DER BESTE FRUCHTORT"

Der in Schloß Friedewald tätige Lamprecht schreibt über Dauersberg: „...hat 14 Räuche, 140 Morgen Acker und Wiesen, gibt 3 Rtlr., 10 albus und 4 d. Schatz (Steuer), hat ½ Stunde Revier, grenzt an das Hatzfeld-Schönstein'sche, hat eine herrschaftliche Mühle unter dem Dorfe an einem kleinen Fluß, so die Elbe heißt und etwas Fische führt. Haben gemeinsame Waldungen. Die Einwohner sind Ackerleute und katholischer Religion. Ist auch der beste Fruchtort im Amt Freusburg, und der daselbst befindliche ‚Junge Wald' (an der Angsthardt) ist herrschaftlich, aber im Umfang gering."

ALTE UND NEUE STRASSEN

Betzdorf konnte nur mit bescheidenen Gaben der Schöpfung den Weg in die Geschichte antreten – allerdings mit einem bedeutenden Vorteil: hier trafen sich wichtige Wirtschaftswege. Der Eisen- und Kohlenweg aus dem Freien Grund (bzw. Daadetal), Zubringer zu der noch jetzt als Hile- oder Hellweg bekannten, in den Rhein-Ruhr-Raum führenden Handelsstraße durchquerte die Sieg über die alte Furt an der Wegerschen Mühle auf der „Insel" und erklomm schließlich – mit tief in den felsigen Untergrund eingefahrenen „Gleisen" – den Molzberg. Im Tal zweigten die Wege in Richtung Siegen über den „Struthof" (noch heute der „Eisenweg") und nach Koblenz über die Steinerother Straße ab. Mancher Betzdorfer verdiente sich mit Vorspanndiensten

Betzdorf 1741 wieder 19 „Räuche". Im Gemeindebereich, wo „die Heller allda in die Sieg fließt, über welche beiden Flüsse eine Brücke geschlagen", wurden 195 Morgen Acker und Wiesen erfaßt. Das Steueraufkommen entsprach dem des Kirchspielorts Kirchen, erreichte aber nur die Hälfte des durch eine Kupfer- und eine Eisenhütte wohlhabenderen Nachbarorts Alsdorf. Lamprecht abschließend: „Die Einwohner sind meistenteils Acker- und Hüttenleute katholischer Religion und in die herrschaftliche Alsdorfer Mühle gebannt."

seinen Lebensunterhalt. Vor der beschwerlichen Bergfahrt wurde gerastet. In einer der alten Fuhrmannskneipen „stärkte" man sich gewöhnlich mit einem „Kloren" oder mit dem hier gebrauten Bier. Vielleicht auch mit beidem.

Betzdorfs zentrale Verkehrslage kam jedoch erst mit dem Bau der Provinzialstraße Koblenz−Olpe (1841/44) zur Geltung. Dabei entstand die erste steinerne Dreibogenbrücke über die Sieg in Betzdorf, das nun auch von der Postlinie bedient wird. Die Koblenz-Olper Straße, wie sie noch heute z. B. in Wehbach heißt, ist Teil der großen Militärstraße, die den Raum an Weser und Rhein miteinander verbindet. Der Fertigstellung folgte jetzt der Ausbau der Straßen nach Burbach, zwischen Kirchen und Siegen und von der Grünebacher Hütte nach Daaden.

GROSSE ERWARTUNGEN

Nach der Einführung der ersten Dampfmaschinen in Gruben und Hütten im Siegerland richteten sich nun im Tal der Sieg die Erwartungen auf das Verkehrsmittel der Zukunft: die Eisenbahn. Für den maßgeblich vom Bankhaus Rothschild & Co. finanzierten Bau der Deutz-Gießener Bahn sind zuerst überregionale Aspekte maßgebend. „Diese Linie gewährt vermittels der Main-Weser-Bahn eine ebenso kurze Verbindung zwischen Köln und Frankfurt wie die (ursprünglich geplante, Anm. d. Verfassers) Westerwälder Linie vermittels der Taunusbahn", so wird argumentiert. Erst an zweiter Stelle werden die

„großen Vorzüge" genannt, daß durch „eine kurze Zweigbahn" die Stadt Siegen den Anschluß nach Köln erhält und daß „fast in der ganzen Längenausdehnung im Sieg-, Heller-, Dill- und Lahntal die schon seit Jahrhunderten bestehende Montanindustrie" erschlossen, mit „den Steinkohlenzechen im Ruhrgebiet sowie mit den großartigen Hüttenwerken im Rheintal in direkte Verbindung" gebracht wird. Alfred Ribbentrop, Königlicher Bergrat zu Betzdorf, bestätigt die Bedeutung der heimischen Reviere Daaden und Kirchen: „Was den Eisenerzbergbau betrifft, so stehen sie mit an der Spitze sämtlicher Reviere des Oberbergamtsbezirks Bonn."

ERHEBLICHE VERZÖGERUNGEN

Indes, der 1855 begonnene und mit 20 Millionen Talern veranschlagte Bau der Siegtalstrecke kommt nicht so schnell wie vorgesehen voran. Ungünstige Geldmarktverhältnisse in den Jahren 1857 und 1858 führen zu erheblichen Verzögerungen. Auf herzoglich-nassauischem Gebiet sträubt sich noch die Regierung, ihre Genehmigung für die Eisenbahn zu geben. Nachdem sie 1859 erteilt ist − die Strecke bis Eitorf konnte inzwischen fertiggestellt werden −, soll der Zeitverlust „mit ungewöhnlicher Anstrengung und Aufbietung aller Mittel ohne gebührende Rücksicht auf den Kostenpunkt" aufgeholt werden.

Noch andere Hindernisse stellen sich in den Weg. Aber Kapital und Technik bezwingen letztendlich das Siegtal und das Hellertal

„mit ihren vielen und scharfen Windungen, mit ihren schroff einspringenden hohen Bergwänden" für die Eisenbahn.

In der gesamten Konzeption wird dem Bahnhof Betzdorf von Anfang an „eine große Bedeutung für die Betriebsverhältnisse der Bahn" zugemessen. Zudem erscheint er wegen der „mächtigen Eisensteinlager im Gebhardshainer Revier und für die Hochofenanlagen bei Alsdorf und Grünebach von großer Wichtigkeit".

WERTVOLLE ERINNERUNG

Dank der „Bauanlagen der Köln-Gießener Eisenbahn und der Zweigbahn von Betzdorf nach Siegen" ist es noch heute möglich, eine detaillierte Darstellung der ersten Bahnanlage in Betzdorf zu geben.

Ein Originalexemplar dieses großformatigen und wertvollen Buchs befindet sich in der Bibliothek des Siegerlandmuseums in Siegen. Fräulein Greve, Tochter des Eisenbahngeometers Greve, schenkt es laut einer Eintragung aus dem Jahr 1914 Wilhelm Scheiner in Köln-Deutz zur Erinnerung an seinen Vater Jakob Scheiner. Die Zeichnungen der Bahnanlagen, unter denen sich u. a. das Empfangsgebäude und die Lokomotiv-Reparatur-Werkstätte des Betzdorfer Bahnhofs befinden, sind sein Werk. Jakob Scheiner (1822−1911), Lithograph und Städteporträtist, war nach Aufgabe seiner lithographischen Anstalt (1854) in seiner Heimatstadt Siegen in die Dienste der Köln-Mindener Eisenbahngesellschaft getreten.

AM ANFANG DER „GEBIRGSSTRECKE"

Der Bahnhof Betzdorf ist für Lokomotivreparaturen vorgesehen, weil er sich etwa in der Mitte der Bahn, an der Abzweigung zur Ruhr-Sieg-Bahn und am Anfang der „Gebirgsstrecke" Betzdorf −Dillenburg befindet, „wo eine größere Anzahl Lokomotiven disponibel gehalten werden muß". Bei „eintretendem Bedürfnis" könne eine mit dem ursprünglichen Plan harmonisierende Vergrößerung ohne unnötige Mehrkosten ausgeführt werden.

Noch frotzeln die Betzdorfer über diejenigen, die „do onnen off dänn Schinnen fuhrwerken" und „em hönnerschten Wahn (Wagen) als Peerer (Pferde) dren hann, die se hennerm Tunnelchen ald vührspannen", während sich das Schienenband über Wissen (1. August 1860) immer mehr dem nach wie vor noch landwirtschaftlich geprägten Ort an Sieg und Heller nähert.

ENGLISCHER LOKFÜHRER

Schließlich kann die Strecke bis Siegen 1861 für den Personen- und Güterverkehr freigegeben werden. August Schmidt, unvergessener Lokalchronist, berichtet im „Altenkirchener Kreisblatt" (Ausgabe vom 10. Januar 1951) nach zahlreichen Interviews mit betagten Bürgern u. a.: „Der erste Zug, der von Köln-Deutz am 10. Januar 1861 abfuhr, war von Honoratioren besetzt und wurde von einem englischen Lokführer gefahren, weil die Lokomotiven englischer Herkunft waren. Auf jedem Bahnhof steigt ein ‚Angst-

röhrenträger' zu. Es soll in diesem Zug eine frohe und ausgelassene Stimmung geherrscht haben. Der frühere Lehrer Eutebach und die im Alter von 100 Jahren verstorbene Witwe Heinrich Schwan wußten noch zu erzählen, wie sie als Kinder mit Blumensträußen stundenlang am Bahnhof in Scheuerfeld oder in Betzdorf gewartet haben, um den ersten Zug zu begrüßen. In den Schulen wurde den Kindern die Liste der ersten Fahrgäste bekanntgegeben, die mit dem feurigen Ungetüm ‚durch die Welt gerast' waren. Von einheimischen Namen befanden sich darunter neben dem Landrat von Altenkirchen ein Herr Clostermann aus Wissen, ein Herr Sohn aus Betzdorf und ein Herr Brühl aus Herdorf . . ."

TRAUER UM DEN KÖNIG

Der ursprünglich geplante offizielle Empfang nach der Jungfernfahrt von Köln in Siegen findet jedoch nicht statt. Er ist wegen des Todes von Friedrich Wilhelm IV. (2. Januar 1861) abgesagt worden. Dennoch sieht das Siegensche Intelligenzblatt, das sich mit einer kurzen Meldung über die Eröffnung der Bahnstrecke begnügt, Grund zum Jubel: „Den reichen mineralischen Schätzen unserer Berge öffnet sich ein bedeutend erweitertes Absatzgebiet, welches der bisher bestandenen Beschränkung gegenüber eine im hohen Grade wünschenswerte Belebung des Bergbaus hervorrufen wird."

Jedoch Begeisterung äußert sich nicht überall. Widerstand regt sich vor allem aus den Kreisen

der Fuhrleute, die ihre Existenz durch die „großen Eisenbahnwaggons" bedroht sehen. „Die wär'n bal alles gefahrn han, wat he zu fahrn is!" schimpft der „alte Euteneuer", der bislang von Vorspanndiensten und seiner Fuhrmannswirtschaft lebte. „Wir ehrbare Fuhrleut sind in arge Bedrängnis gekommen und bitten den Herrn erlauchten Bürgermeister um Untersagung dieser Feuerwagen, wo Hecken anstecken und Bürger nachts ängstigen", heißt es in einer Eingabe an die (noch) zuständige Bürgermeisterei in Kirchen.

Und beim Weiterbau der Bahn durch das Hellertal (Einweihung bis Burbach am 1. Juli 1861) schwören die Grundstückseigentümer: „Jo datt Land wonn mer für datt neuzeitliche Fuhrwerk aafgern, awwer datt ehne behalen mir oos für: Oweds om siwwen Ouer, wenn mier en et Bett gohn, dann wird et Dürchen zogemacht. Dann hührt die Fuhrwerkerei en ossem Garden römm off!"

IN ZWEIEINHALB STUNDEN

„Peerer" und „Orse" sind bereits zu dieser Zeit von den schnelleren Dampfrössern überrundet. Die Fahrtzeit nach Köln − mit der Postkutsche über Altenkirchen rund 15 Stunden − ist auf zweieinhalb Stunden zusammengeschrumpft. 1865 verkehren zwischen Köln-Deutz und Betzdorf täglich jeweils vier Züge in jeder Richtung. Auf der Strecke Betzdorf−Siegen fährt zusätzlich ein fünftes Zugpaar. In den ersten Betriebsjahren halten sie bei Bedarf auch außerhalb der Stationen.

Das 1860 errichtete Empfangsgebäude des Bahnhofs mit dem großzügig angelegten Vorplatz. Auch das Postamt befand sich bis zum Umzug (1892) in der Poststraße (Decizer Straße) im Stationsgebäude.

Am 12. Januar 1862 kann auch die Strecke über Burbach hinaus bis Gießen in Betrieb genommen werden. Kurz darauf wird auch die Reparaturwerkstatt in Betzdorf eröffnet. Die „Köln-Mindener" kann mit der Entwicklung auf ihrer neuen Linie zufrieden sein. Sie ermöglicht das „Wirtschaftswunder" im Siegerländer Spateisensteinbezirk während des letzten Drittels des 19. Jahrhunderts.

Grösster Knotenpunkt

Herdorf und Niederschelden, Hauptumschlagplätze für Erz und Eisen, weisen zwar noch die höchsten Versandziffern auf,

aber es gibt keinen anderen vergleichbaren Ort in der weiteren Umgebung, in dem allein die Eisenbahn ein so schnelles Wachstum ermöglicht wie in Betzdorf. Bereits Anfang der 70er Jahre müssen der Bahnhof und die Reparaturwerkstatt erweitert werden, in der von 1881 an neben Lokomotiven auch Güterwagen instand gesetzt werden. Betzdorf entwickelt sich als größter Eisenbahnknotenpunkt im rechtsrheinischen Schiefergebirge immer mehr zur Drehscheibe des Verkehrs, seitdem die „Secundärbahnen" durch das Daadetal (Grünebach—Daaden 1886) und das Asdorftal (Kirchen—Freudenberg 1888) dampfen. Der preußische Staat, der

inzwischen die Köln-Mindener Eisenbahngesellschaft übernommen hat, läßt die Hauptstrecken durch das Sieg- und das Hellertal zweigleisig ausbauen. Lokal- und Werksbahnen u. a. im Freien Grund und im Gosenbachtal steigern zusätzlich das Verkehrsaufkommen.

Auch der Tourismus blüht auf. „Jetzt, da man in wenigen Stunden das schöne Thal der Sieg durchfliegen, an einem heitern Sommertage seine Hauptschönheiten genießen kann, nimmt der Besuch desselben mit der schönen Jahreszeit immer mehr zu", schreibt Ernst Weyden in seinem Handbuch für Reisende auf der Deutz-Siegener Eisenbahn („Das Siegthal", 1865). Er erwähnt

*Betzdorfer Panorama, fotografiert 1876 vom „Stößchen"; mit
den bereits das Siegtal beherrschenden Bahnanlagen (rechte Bild-
seite) und Alt-Betzdorf (links) u. a. mit der Viktoriastraße, der
ersten Schule und der Notkirche, die mit einem Türmchen auf
sich aufmerksam macht.*

weiter das „auf dem linken Fluß-ufer sich hindehnende, freund-lich einladende Betzdorf, wel-ches uns in seinem Stationsge-bäude Rast und Erquickung bietet".

Im Jahr 1905 entsteht der Neu-bau für das Königliche Eisen-bahn-Betriebsamt in Betzdorf. Ihm unterstehen die Strecken bis kurz vor Troisdorf und Nieder-schelden, bis Altenkirchen und Haiger. Zu dieser Zeit rattern täglich etwa 200 Güter- und Per-sonenzüge durch den Betzdorfer Bahnhof; gleichzeitig werden hier bis zu 2 000 Güterwagen zu neuen Zügen zusammengestellt. Dazu gehören ab 1913 auch die Waggons der Westerwaldbahn Scheuerfeld–Nauroth, mit der die 1882 erbaute, zur Krupp-schen Grube „Bindweide" (Stei-nebach) führende Schmalspur-bahn abgelöst wird.

Die Eisenbahn bringt viele neue Menschen nach Betzdorf; von Jahr zu Jahr mehr. Eines der er-sten neuen Gebäude ist eine klei-ne, von der katholischen Pfarrge-meinde in Gebhardshain erwor-bene Holzkirche. Sie wird auf dem späteren Rathausgelände wiederaufgebaut. Am ersten Weihnachtsfeiertag 1862 kann der erste Gottesdienst gefeiert werden.

WOHNUNGEN GESUCHT

Die „Menage", das für das aus-wärtige Zugpersonal errichtete Speise- und Schlafhaus, reicht längst nicht mehr aus. Wohnun-gen für die Familien, die künftig in Betzdorf leben wollen, wer-den dringend gesucht. Die Köln-Mindener Eisenbahngesellschaft erwirbt deshalb 1868 von der Gemeinde Wallmenroth ein etwa 850 Morgen großes Gelände bei-derseits der Kölner Straße. Die „Kolonie" entsteht – allerdings wegen des Deutsch-Französi-schen Kriegs (1870/71) mit Ver-zögerung. Die künftigen Bewoh-ner können zunächst nur ihre Gärten bearbeiten, bevor sie im Frühjahr 1871 in die ersten zehn Vierfamilienhäuser zwischen Sieg und Kölner Straße einzie-hen. Im Jahr 1893 wird auch das Gelände auf der gegenüberlie-genden Seite bebaut. In der „Ko-lonie" und im „Hellseifen" in Bruche befinden sich die Hoch-burgen der Kleintierzucht, der sich die Eisenbahner mit viel Hingabe und Freude widmen.

„AUFS ENGSTE VERKNÜPFT"

Schon vor dem Endausbau mit insgesamt 120 Wohnungen, zwei Backhäusern, einem Spritzen-haus, einer Kleinkinderschule und einem Werkstattgebäude werden erste Gespräche über ei-ne Umgemeindung der Wallmenrother „Kolonie" nach Betzdorf geführt. Sie wird 1906 zwischen beiden Gemeinden ver-traglich vereinbart, muß aber erst – ebenso wie die Eingemein-dung von Bruche – vom preußi-schen Innenminister genehmigt werden. Die befürwortende Ein-gabe des Regierungspräsidenten zu Koblenz ist als bemerkens-wertes zeitgeschichtliches Doku-ment der „starken Entwicklung der Gemeinde Betzdorf" im Lan-deshauptarchiv erhalten ge-blieben.

„Die dem Eisenbahnfiskus gehö-rige ‚Kolonie Bahnhof' schließt nach ihrer kürzlichen Erweite-rung um 36 Doppelhäuser dicht an Betzdorf an, dagegen ist sie von Wallmenroth durch die Sieg auf der einen und den steilen Hang auf der anderen Seite der Koblenz-Olper Provinzialstraße völlig und dauernd getrennt", schreibt der als Berichterstatter beauftragte Regierungsrat von Keudell nach Berlin. „So bereits durch die Natur der Gemeinde Betzdorf zugeteilt, erscheint sie zum anderen als dorthin gehörig, weil sie ausschließlich von Eisenbahnbeamten und Arbei-tern des Bahnhofs Betzdorf be-wohnt wird, sie in allen ihren Beziehungen auf Betzdorf und dessen Bewohner hingewiesen sind."

„Ferner sind die Interessen der Landgemeinde Bruche alljähr-lich mit denjenigen der Landge-meinde Betzdorf aufs engste ver-knüpft worden. Unter den etwa 750 Einwohnern von Bruche be-findet sich fast keine Familie, die nicht zu Betzdorf ihren Erwerb hätte. Die Bewohner von Bruche sind größtenteils Arbeiter des Bahnhofs und der Eisenbahn-werkstätten von Betzdorf", be-gründet von Keudell den zweiten Eingemeindungsantrag.

„Unter diesen Umständen ist es für die Einwohner von Bruche erwünscht, mit Betzdorf kom-munal vereinigt zu werden, um an den städtisch gestalteten öf-fentlichen Einrichtungen von Betzdorf teilzunehmen, die ih-nen bei der nachbarlichen Lage leicht zugänglich gemacht wer-den könnten, von denen sie aber wegen der kommunalen Tren-nung bisher ausgeschlossen sind . . ."

Die Bebauung der Bahnhofstraße erfolgte wegen des von der Eisenbahnverwaltung geforderten Sicherheitsabstands zunächst nur einseitig. Die Postkartenabbildung (Stempel von 1904) zeigt den Einmündungsbereich der Poststraße (Decizer Straße).

Beide Eingemeindungsanträge werden 1907 genehmigt. Die Gemeinde Wallmenroth erhält fortan eine alljährliche Entschädigung von 800 Mark für die Abtretung der „Kolonie".

PROMINENTE REISENDE

Inzwischen spüren die Betzdorfer auch den Hauch der großen Welt. Dcr Bahnhof wird für unzählige Reisende zur Durchgangsstation, in der sie auf den Lokomotivwechsel oder den Anschlußzug warten. Als prominenteste Fahrgäste weilen Wilhelm I., Napoleon III. und Reichskanzler Fürst Otto von Bismarck im Betzdorfer Bahnhof.

Einen „mächtigen Eindruck", der sie tagelang beschäftigt, hinterläßt der zehnminütige Aufenthalt des bei Sedan gefangenen Franzosenkaisers auf der Fahrt nach Kassel-Wilhelmshöhe auf die Betzdorferin Frau Emma Siebel. Über die Begegnung am 5. September 1870 schreibt sie ihrer Tante, der Frau des Pfarrers Stein:

„Nachdem wir schon am Morgen einmal vergebens hingefahren waren, versuchten wir unser Glück nochmals am Nachmittage und wurden für unsere Mühe reichlich belohnt. Zur Vorsicht hatten wir unsere Strickstrümpfe und die Herren sich Cigarren mitgenommen, und das war gut, denn es dauerte noch volle drei Stunden, bis der Zug langsam in den Bahnhof einfuhr. Letzterer war gesperrt, doch war es uns dank der Freundlichkeit des Inspektors vergönnt, zu bleiben. Der belgische Salonwagen hielt gerade vor unserem Fenster, und

Napoleon erschien bald darauf. Er trug eine dunkelblaue Uniform, und wenn ich auch am großen Stern den Kaiser nicht in ihm erkannt haben würde, so hätten mir ihn doch seine Nase und der bekannte Schnurrbart gekennzeichnet. Er war ohne Degen . . . und sah sehr müde und abgespannt aus. Er fragte den Schaffner nach der Station und ließ sich eine Karte bringen . . ."

Im März des folgenden Jahres fährt Napoleon III. noch einmal durch Betzdorf. Eine Lokomotive mit dem Namen „König Wilhelm" zieht den Zug, der ihn aus der Gefangenschaft fährt.

Über den Aufenthalt Bismarcks berichtet ein Zeitchronist: „Die Gaststätte des alten Betzdorfer Bahnhofs ist sogar Reichskanzler Fürst Otto von Bismarck gut genug. Er frühstückt hier im Jahre

1889, als er die Fahrt von Köln nach Gießen unterbrechen muß. Bei der Wirtin, Fräulein Oligschläger, herrscht im Wartesaal 1. Klasse eine freundliche und gemütliche Atmosphäre, so daß Reichskanzler Bismarck nicht nur zuvorkommend bedient worden, sondern auch mit einem guten Gesamtbild von Betzdorf wieder abgereist sein dürfte."

HEIMAT
VON ROBERT GÖTZ

„Heia Safari", „Wildgänse rauschen durch die Nacht", „Aus grauer Städte Mauern", „Jenseits des Tales standen ihre Zelte" . . . Seine stimmungsvollen, von Fernweh und Abenteuerlust geprägten Melodien − über 500 Volks- und Wanderlieder hat er geschrieben − werden rund um den Erdball gesungen, als wären

sie immer dagewesen. Am 9. März 1892 erblickt Robert Götz auf dem „Struthof" das Licht der Welt. Sein Vater, Friedrich Wilhelm Götz aus Menden, hatte als Ingenieur eine Stelle in einem holzverarbeitenden Betrieb in Betzdorf erhalten. Im Jahr 1891 heiratet er die Betzdorferin Juliane Braß, das Paar erhält eine Wohnung im Haus der Brauteltern auf dem Struthof. Bereits 1894 zieht Friedrich Wilhelm Götz mit seiner jungen Familie nach Nicolai (Oberschlesien), wo er eine leitende Stelle in einer Papierfabrik einnimmt.

„Der Beginn meines Liedschaffens beginnt schon in frühen Jahren, nachdem ich mir das dafür erforderliche Handwerkszeug durch fleißiges Musikstudium angeeignet hatte", schildert Götz seinen Werdegang in seiner neuen Heimat in einer handgeschriebenen Aufzeichnung, die er spä-

ter dem aus Oberschlesien stammenden, in Betzdorf lebenden Dieter Drutschmann zur Verfügung stellt. „Gern und freudig sang ich als Chorknabe in der Kirche und stand bei Gesängen mit Orchesterbegleitung am Pult der I. Violine. Es kam die Zeit des Wandervogels, und nun begann ein frohes Wandern durch die schlesischen Lande. Dabei lernte ich die ganze Schönheit meiner Heimat kennen. Welch ein herrliches und tiefes Erlebnis. Dies alles hat von da an mein ganzes Liedschaffen bestimmt."

Robert Götz berichtet weiter, daß er während seiner Fahrten „nun ein Lied nach dem anderen schrieb, das von meinen Wandergefährten freudig aufgenommen und weitergetragen wurde". Die Verbindung zur wanderfreudigen Jugend hat bis in sein hohes Alter − er stirbt als 85jähriger am 15. Februar 1978 in Dortmund − bewahrt. „Es macht mich glücklich, ihr das Lied zu geben, das ihrem innersten Wesen entspricht", schreibt Götz weiter. „Daß dieses Liedgut ebenso gern und freudig wie die Lieder, die ich vor Jahrzehnten schuf, gesungen worden ist, geht schon daraus hervor, daß es kein Liederbuch gibt, in dem nicht eine Anzahl meiner Lieder vorhanden ist."

Robert Götz, der Komponist von über 500 Volks- und Wanderliedern, wurde am 9. März 1892 auf dem „Struthof" geboren.

INDUSTRIELLE ANFÄNGE

Zunehmend erweist sich die junge „Eisenbahner-Siedlung" am Fuße des Westerwaldes vor allem für die Bewohner der ländlichen Höhengebiete als ein Magnet. Aus Gebhardshain zieht 1882 der 23jährige August Wolf

Nach der Jahrhundertwende entwickelte sich der Betrieb der Gebrüder Ermert zum größten industriellen Unternehmen in Betzdorf. Dem Hallenkomplex zwischen Sieg und Wilhelmstraße (im Bild) folgten weitere Bauten auf der gegenüberliegenden Straßenseite.

nach Betzdorf und errichtet am Eingang zur Steinerother Straße eine Schmiede. Schon neun Jahre später steht sein neues Haus mit größerer Werkstatt für Schmiede und Schlosserei und einem Ladengeschäft an der Tiergartenstraße. Hier „entdeckt" er das autogene Schweißen für die Herstellung der bisher handgeschmiedeten Gartengeräte. Nach dem Ersten Weltkrieg — schon 1917 werden alle anderen Arbeiten aufgegeben — bietet die „Eisenwarenfabrik August Wolf" über 20 verschiedene Garten- und landwirtschaftliche Kleingeräte in ganz Deutschland und dann auch für den Export an.

Der Erfolg beruht auf der „Revolution von Hacke und Spaten",

auf neuen Arbeitsweisen mit neuartigen Handgeräten für das Millionenheer der Kleingärtner und einer Werbung „mit allen Mitteln". So begibt sich schon 1924 eine motorisierte „Karawane" der Wolf-Gerätefabrik auf Tournee durch Stadt und Land. Dabei werden insbesondere die „Herren Gärtner, Landwirte, Gurkenpflanzer und Gartenbesitzer" u. a. zu fachtechnischen Vorträgen und Vorführungen der „überall bewährten Bodenbearbeitungs- und Saatgeräte" und deren „geradezu unglaublichen" Vorteilen freundlichst eingeladen.

Auch Heinrich Nickel zieht es zwei Jahre nach der Gründung einer Schlosserei und Geldschrankfabrikation (1896) in sei-

ner Geburtsheimat Oberdreisbach nach Betzdorf. Auf dem Gelände an der Siegstraße entwickelt er seine Produktion bis zur Fertigung ganzer Tresoranlagen, nimmt außerdem den Bau von Zentralheizungen und schließlich — einen Schritt weiter zur „richtigen Erwärmung der Luft" — die Herstellung von Klimaanlagen (Lufttechnik) auf.

EISERNE „SPEZIALITÄTEN"

Den ersten größeren eisenverarbeitenden Betrieb gründen die Brüder Ernst, Friedrich Wilhelm und Heinrich Ermert im Jahr 1873 in einer Schmiede an der Ecke der heutigen Wilhelm-/Bismarckstraße. Mit dem Bau von Förderanlagen, Drahtseilbahnen und anderen „Spezialitäten", vor allem für Bergwerke und Hütten, erreichen die Gebrüder Ermert ein so großes Auftragsvolumen, daß sie sich bald nach einem Gelände für eine größere Fabrikationsstätte umsehen müssen. Nach Verhandlungen mit den Eigentümern des noch bestehenden Hohenbetzdorfer Hofes erstehen sie einige Siegwiesen zwischen der alten Koblenz-Olper Provinzialstraße (heute Wilhelmstraße) und der Sieg. Dort errichten sie die ersten Hallen.

Für den Bergbau werden Kipp- und Kleinbahnwagen aller Art hergestellt. Die hierbei gesammelten Erfahrungen kommen den Gebrüdern Ermert später beim Bau von Waggons für die Staatsbahn, Eisenkonstruktionsbrücken und Drehscheiben zugute. Die Zahl der Arbeitskräfte steigt auf rund 120 um die Jahrhundertwende. Bis zu 65 Waggons können monatlich fertiggestellt werden. Der Erste Weltkrieg bringt große Aufträge (Granatendreherei), die Belegschaft wächst auf etwa 1000 Mitarbeiter. Auf der gegenüberliegenden Seite der Wilhelmstraße muß 1916/17 der Betrieb durch den Bau einer weiteren großen Fabrikhalle vergrößert werden.

Damit hat das größte Unternehmen in Betzdorf seinen Höhepunkt erreicht. Das Kriegsende und die Inflation bremsen den Waggonbau erheblich, die Mitarbeiterzahl sinkt auf 670 (1923). Die Talfahrt endet schließlich mit der Liquidation im Jahr 1927.

Ein Blick in die Zukunft: Die Hallen sind jedoch nicht lange verwaist. Rudolf Patt aus Eisern und Friedrich Dilthey aus Weidenau erwerben 1928 den Komplex und gründen die Firma Patt & Dilthey GmbH. Das Unternehmen, das seine Fabrikationsanlagen und seine Produktion immer wieder erweitern kann, bleibt seitdem im Besitz der Gründerfamilien. Der Behälter- und Apparatebau fertigt Investitions- und Anlagegüter für die chemische Industrie und verwandte Industrien, z. B. der Nahrungsmittelherstellung, Wasseraufbereitung, des Maschinen- und Kraftwerksbaus, der Wärme-, Kälte- und Tieftemperaturtechnik.

Im Jahr 1934 gelingt es der Firma, Spezialwerkzeuge für die Herstellung kaltgeformter, tiefgewölbter Böden zu entwerfen. Die Entwicklung führt zu einem der größten Kaltpreßwerke Europas, in dem Behälter- und Apparateböden bis 6 000 mm Durchmesser, auch in Sonderstählen und NE-Metallen, hergestellt werden.

„BAD" BETZDORF

Unternehmerische Initiativen ganz anderer Art entfaltet der 1877 von der Eisenbahngesellschaft nach Betzdorf gerufene Bahnarzt Dr. Eugen Euteneuer aus Dülmen. Schon fünf Jahre nach Beginn seiner Tätigkeit, für die ihm die Gemeinde ein Existenzminimum von jährlich 600 Mark garantieren muß, erwirbt er an der Wilhelmstraße ein Grundstück, auf dem er im Laufe der Jahre drei Gebäude errichtet. Im Frühjahr 1890 eröffnet er hier die erste „Preußische Kaltwasserheilanstalt" für Kneippsche Anwendungen.

Das „Germaniabad", wie er es nennt, erfreut sich regen Zuspruchs. Die Kurgäste, die zum Teil auch in den Hotels, Gasthöfen oder bei Privatvermietern untergebracht werden, kommen aus allen Teilen Deutschlands, um sich gegen Durchblutungsstörungen behandeln zu lassen. Sogar Amerikaner, Franzosen und Engländer besuchen „Bad" Betzdorf. Zur „Hauptsaison" ziehen oft ganze Scharen frohgestimmter Kurgäste mit flotter Musik und mit munterem Gesang zu „Lötzels Wieschen" in der Öhndorf zum Wassertreten und Wiesenlaufen, wie von „Vater" Kneipp empfohlen.

Etwa tausend Kurgästen im Jahr widmet sich Bahnarzt Dr. Euteneuer auf dem Höhepunkt des „lustigen Badelebens", als er 1898 — eine bittere Ironie des Schicksals — bei einem Eisenbahnunglück auf einer Reise nach Straßburg schwer verletzt wird. Er nimmt seine medizinische Tätigkeit nicht wieder auf, zieht sich nach Rhöndorf zurück und übergibt das „Germaniabad" samt dem parkähnlichen Garten seinem Assistenzarzt Dr. Wurm, der den Kurbetrieb allein jedoch nicht aufrechterhalten kann. Damit werden auch endgültig die Pläne für ein größeres Kurhaus am Engelstein aufgegeben. In eines der nicht mehr benutzten Gebäude der Kaltwasserheilanstalt richtet die Kruppsche Bergverwaltung ihre ersten Büros (1907) in Betzdorf ein.

SÄNGER UND SCHÜTZEN

Allmählich entwickelt sich unter den Altbetzdorfern und den Neubürgern auch ein gesellschaftli-

Germania-Bad v. Bahnhof aus gesehen.

Gruss aus Betzdorf

Verlag v. Otto Ebner's Buchhandl.

„Gruß aus Betzdorf" (ohne Datum) u. a. mit dem „Germaniabad": „Übersende Euch diese deutsche Postkarte aus Belgien, ein Kölner Student wird die mitnehmen . . . "

ches Leben, das sich zunächst in den Vereinen konzentriert. Im „Gasthaus zur Linde", der vom Volksmund als „Kanone" bezeichneten Wirtschaft im „Klosterhof", rufen 19 Sangesfreunde im September 1872 den MGV „Germania" ins Leben. Sein mehrstimmiger Gesang findet weithin Resonanz.

Der Wunsch nach „Kameradschaft und Geselligkeit", wie er hier auf seine Art Erfüllung findet, hatte bereits 1868 zur Gründung des heute ältesten Betzdorfer Vereins geführt: des Schützenvereins. Schon wenige Wochen später präsentieren Schützenhauptmann Heinrich Forneberg und eine Abteilung ihre Gewehre vor König Wilhelm I., während sein Zug im Betzdorfer Bahnhof hält. Die Grünröcke feiern ihre ersten Feste in den Siegwiesen, nicht weit von der Stelle, an der Karl Ermert 1906 den

„Hohenzollern-Garten" eröffnet. Hier entsteht ein neuer Mittelpunkt geselliger Vereinsveranstaltungen und zahlreicher Ausstellungen, vor allem der Kleintierzüchter.

WELTMEISTER GÜNTHER

Von Anfang an ist der „Hohenzollern-Garten" das Vereinslokal des 1905 gegründeten MGV „Flügelrad", dem ausschließlich Eisenbahner angehören. So wird in der Wirtschaft manches Konzert und mancher Ball gegeben. Im Sommer sind illuminierte Gartenfeste beliebt, die dem Anwesen den Namen „Lunapark" eintragen. Als eine besondere Attraktion gilt die elektrische Orgel im Saal. An diesem beliebten Ausflugslokal befinden sich Start und Ziel für die Rennen des Radsportvereins „Pfeil".

An ihnen beteiligt sich u. a. der 1882 im „Hellseifen" geborene Peter Günther, der 1911 den Titel eines „Deutschen Meisters" und beim Steherrennen in Dresden den Weltmeistertitel erringt, womit er den Radsportverein „Pfeil" weithin berühmt macht. Weltmeister Günther kommt im Jahr 1918 durch einen tragischen Unfall mit seinem Fahrrad ums Leben.

Sogar für wandernde Gesellen gibt es eine „Herberge zur Heimat". Ihr Gründer, Diakon Johannes Fröber, leitet außerdem ein christliches Hospiz.

GASTLICHE HÄUSER

Nicht nur im „Hohenzollern-Garten", sondern auch in vielen anderen gastlichen Häusern treffen sich die Betzdorfer. An Stelle der 1842 errichteten und in-

Der älteste unter den Betzdorfer Vereinen der „Gründerzeit" ist der 1868 gegründete Schützenverein. Das Bild zeigt den Schützenkönig von 1885, Johannes Heinz, mit seiner Frau und dem Hofstaat.

zwischen abgebrochenen Fuhrmannswirtschaft Weber entsteht 1878 das „Deutsche Haus", mit dem sich jahrzehntelang der Name Großkurth verbindet.

Karl Großkurth führt zunächst das in unmittelbarer Nähe stehende „Hotel Siegerland" und erwirbt 1914 das „Deutsche Haus". Als Dichter und Komponist, besonders als Dirigent mehrerer Gesangvereine, bleibt er über seinen Tod (1939) hinaus in guter Erinnerung. Sein Sohn Kurt erbt das künstlerische Talent seines Vaters. Als Sänger, mehr noch als Charakterschauspieler wird er auf der Bühne, durch

Funk und Fernsehen einem Millionenpublikum bekannt. Seine große künstlerische Karriere endet im Mai 1975 bei einem Verkehrsunfall in Bad Aibling.

Bereits 1859 ist der Gasthof Vomfell, die heutige „Bürgergesellschaft", entstanden. Hier finden während des Bahnbaus sonntags Tanzveranstaltungen statt; gründen die Schützen und Turner ihre Vereine. Die Betzdorfer scheinen ein besonderes Bedürfnis nach „körperlicher Ertüchtigung" im Sinne von Turnvater Jahn zu haben. Der Turnverein zählt schon in seinem Geburtsjahr (1881) 85 Mitglieder.

Der Wunsch, nach harter Arbeit in gemütlicher Runde Kontakte zu den Mitmenschen zu finden, ist sehr ausgeprägt. Dem entsprechen die Gründungen weiterer gastronomischer Betriebe, die noch heute, teilweise mit anderem Namen bestehen: zum Beispiel 1865 des Gasthauses „Zur Sonne" (heute Balkan-Restaurant „Slavia"), 1872 des Gasthofs Wertmann („Zum grünen Baum"), 1874 des Gasthauses „Zur Krone" (heute Kolpinghaus) und 1877 des Gasthofs Neutzer (Neutzer-Weger). Auch Ludwig Breidenbach rechnet sich eine Chance aus, mit einem

Hotel am Aufschwung der „Eisenbahn-Metropole" teilzunehmen. Am historischen „Klosterhof" (St.-Barbara-Kapelle) errichtet er 1893 den „Breidenbacher Hof", wo u. a. die akademischen Verbände tagen. Über die 1876 gebaute hölzerne Sieg-Fußgängerbrücke läßt sich der „vis-à-vis" gelegene Bahnhof schnell erreichen, wo die „Friedrichs" — so heißen in Betzdorf alle Diener — die Gäste am Zug erwarten.

Da gibt es außerdem das Hotel Stangier (später „Bayerischer Hof") an der Viktoriastraße, die Gaststätte Volz an der Burgstraße und das Hotel Gobrecht (später „Zentral-Hotel") an der Wilhelmstraße, in dessen „Casino" sich manches gesellschaftliche Ereignis abspielt.

ATTACKE AUF DER KIRMES

Das Vereinsleben blüht weiter. Zur kulturellen Bereicherung tragen der MGV „Cäcilia" (1878) und der in Bruche wirkende MGV „Frohsinn" (1883) bei. Genau auf den Tag drei Jahre nach der Gründung des Deutschen Reiches, am 18. Januar 1874, schließen sich Veteranen der Kriege von 1864, 1866 und 1870/71 zum Kriegerverein „Fürst Blücher" zusammen. Er will vor allem den Witwen und Waisen der Gefallenen helfen und die Kameradschaft pflegen. Dem Beispiel Kirchener Freunde folgen 1895 zwölf junge Betzdorfer, die in „Wertmanns Stall" gegenüber dem Rathaus eine Sanitätskolonne gründen. Nachdem die Mitgliederzahl von 20 erreicht ist, wird sie als „Freiwillige Krieger-Sanitätskolonne vom

BETZDORF
Blick nach dem Breitenbacher-Hof

Die 1903 errichtete eiserne Fußgängerbrücke (an Stelle der 1876 erbauten Holzbrücke) über die Sieg am Hotel „Breidenbacher Hof", im Hintergrund Gebäude der Waggonfabrik Ermert. In der rechten Bildhälfte ragt noch der Giebel des 1911 abgebrochenen „Gasthauses zur Linde" (im Volksmund „Kanone") heraus.

Roten Kreuz" als Verein amtlich registriert. Aus ihm geht 1906 der Vaterländische Frauenverein hervor.

Zur Gründung des „Vereins ehemaliger Ulanen für Betzdorf und Umgegend" finden sich 26 „Ehemalige" 1913 im Gasthof Wertmann ein. Der erste Ausflug fin-

Aus dem Adreßbuch für den Kreis Altenkirchen 1898: „Hausdiener an jedem Zuge."

det zur Mudersbacher Kirmes statt. „Dabei wurde von mehreren Kameraden eine Attacke geritten", wie in dem von Hans Otto Pommerenke verwahrten Protokollbuch nachzulesen ist. „Da aber keine Soldatenpferde zur Stelle waren, mußten sie sich leider mit anwesenden Karussellpferden begnügen. Dabei zeigte es sich, daß alle noch fest im Sattel saßen . . . "

Der Fußballclub „Jugend 06", später die Marinekameradschaft (1909) und die Karnevalsgesellschaft „Na-Nu" (1910), die übrigens drei Jahre hintereinander Rosenmontagsumzüge durch Betzdorf organisiert, setzen weitere bunte Tupfer auf die Vereinspalette.

Acht Gemeinden sind sich inzwischen einig, daß „das Aufblühen

Hans Otto Pommerenke bewahrt in seiner Sammlung „Alt-Betzdorf" auch einige Erinnerungsstücke des „Vereins ehemaliger Ulanen für Betzdorf und Umgegend" auf.

des Ortes Betzdorf, welches naturgemäß auch das Wachsen der Nachbarorte zur Folge hatte, unbewußt zu dem Bestreben geführt hat, von Kirchen loszukommen und in Betzdorf eine eigene Bürgermeisterei zu errichten".

Betzdorf, Alsdorf, Grünebach, Sassenroth, Dauersberg, Scheuerfeld, Bruche und Wallmenroth, die gemeinsam 1884 dieses Anliegen in einer Denkschrift vertreten, zählen jetzt zusammen 5106 Einwohner. Davon leben bereits 2 292 in Betzdorf, wo die petitionierenden Gemeindevertretungen ihren „natürlichen Brennpunkt und Verkehrsmittelpunkt" sehen.

Bemerkenswert erscheint der dazu an erster Stelle genannte Grund: „Daß letzteres tatsächlich

der Fall ist, bedarf keines weiteren Beweises als des Hinweises darauf, daß die mit Glücksgütern eben nicht überhäuften katholischen Einwohner der acht Gemeinden sich mit einem Kostenaufwand von nahezu 100 000 Mark in Betzdorf eine schöne Kirche (1880/81) erbaut haben, zu welchem Zwecke sie fast 20 Jahre lang gespart und gesammelt haben. Auch die evangelischen Bewohner der in Rede stehenden Gemeinden gehen mit der Absicht um, in Betzdorf eine Kirche zu erbauen; sie haben ebenfalls schon seit einem Jahre Sammlungen unter sich veranstaltet und bereits ein Kapital von 8300 Mark disponibel."

Die ev. Kreuzkirche entsteht — wie hier gleich hinzuzufügen ist — zehn Jahre später (1894/95)

in Hohenbetzdorf als städtebaulich reizvolles Pendant zur St.-Ignatius-Kirche. Bis zum Jahr 1909 unterhält auch die jüdische Gemeinde (ca. 50 Einwohner) einen kleinen Betraum in einem Haus hinter dem „Bayerischen Hof". Von 1909 bis 1933 mieten die Betzdorfer Juden einen neuen Raum im alten Eisenbahnnebengebäude hinter dem Kaufhaus Schütz (heute Eufinger), ebenfalls an der Viktoriastraße.

FORTSCHRITTLICHE GEMEINDE

Die Petition gipfelt in der Feststellung, „daß kaum irgendwo ein Bürgermeistereihauptort so glücklich im Zentrum der zugehörigen Gemeinden liegt wie eben Betzdorf". Zwei Jahre später (1886) erteilt die Aufsichtsbehörde ihre Zustimmung zur Errichtung einer von Kirchen unabhängigen Bürgermeisterei Betzdorf.

„Der erste Bürgermeister Gontermann beginnt seine Tätigkeit mit einem Sekretär und einem Lehrling, mit dem Polizeidiener Peter Äpfelbach als ‚Polizeimacht', die vom Nachtwächter noch unterstützt wird, der zugleich noch Totengräber, Ausscheller, Laternenanzünder, Laternenputzer und Gemeindediener ist. Aber man schafft, was zu schaffen ist, sogar mit guten Erfolgen", schreibt Dr. August Wolf in der „Geschichte von Betzdorf".

DAS RATHAUS ENTSTEHT

Noch vor Ablauf der Amtszeit Eduard Gontermanns (1899) beschließt der Gemeinderat, ein Rathaus für die jetzt noch in der

Wilhelmstraße untergebrachte Bürgermeisterei zu bauen. Stefan Schuster als sein Nachfolger nimmt gleich tatkräftig die notwendigen Maßnahmen für die Ausführung der Pläne in die Hände, die mit der Eröffnung am 1. April 1901 abgeschlossen werden kann. Mit den zahlreichen, zur gleichen Zeit in die Höhe wachsenden Geschäftshäusern verändert sich zusehends Betzdorfs städtebauliche Erscheinung. Die Fachwerkhäuser — größtenteils noch mit Landwirtschaft — weichen einer „klassischen" Steinarchitektur, mit der Betzdorfs „Gründerzeit" ihre Denkmäler hinterläßt.

Schon städtisches Profil weist die Viktoriastraße, das erste Geschäftszentrum des weiter aufwärtsstrebenden Eisenbahnerorts, auf. Es erhält bald Konkurrenz an der Bahnhof- und an der Wilhelmstraße, wo größere Ausdehnungsmöglichkeiten als in Alt-Betzdorf bestehen.

WEITHERZIGE GESINNUNG

Der Rathausneubau von 1901 − Ausdruck des Selbstbewußtseins der Bürger von Betzdorf und der mit ihnen verbundenen Nachbargemeinden.

Von Kirchen ziehen die ersten Behörden in das verkehrsgünstiger gelegene Betzdorf: das Bergamt (1891) und das Katasteramt (1892). Mit zentraler Wasserversorgung (1891), elektrischer Straßenbeleuchtung (1893), St.-Josef-Krankenhaus (1899), eigenem Ortsfernsprechnetz (1900) und selbständiger Feuerwehr (1901) zeigt sich die Gemeinde aufgeschlossen für den Fortschritt. Das aus der Westerschen Stiftung hervorgegangene Krankenhaus wird bereits im Geiste einer weitherzigen ökumenischen Gesinnung geführt. Die Stifterin Josefine Wester, Pfarr-

haushälterin in Kirchen, hat in ihrem Vermächtnis ausdrücklich bestimmt, daß dieses Haus für Patienten beider Konfessionen geöffnet sein soll. Zusätzlich bestehen dort eine Kinderbewahranstalt (Kindergarten) und eine Nähschule der Franziskanerinnen aus Olpe.

Sogar eine Zeitung wird im Ort gedruckt: der „Betzdorfer Anzeiger" (später „Betzdorfer Zeitung"), der in dem 1880 erstmals herausgegebenen „Anzeiger für das Sieg- und Heller-Thal" bereits einen Vorgänger hatte. Als der erste „Bildreporter" am Ort

zieht der aus Hommelsberg stammende Fotograf Peter Weller (1868−1940) mit seiner großen Plattenkamera durch die Straßen und hält das zu stattlicher Größe herangewachsene Betzdorf in einer Reihe qualitativ hochwertiger Aufnahmen im Bild fest. Die Stadt Betzdorf kann später einen Teil dieser bemerkenswerten Dokumente aus der Zeit zwischen der Jahrhundertwende und den 20er Jahren erwerben.

Der Aufbau Betzdorfs erfordert alle Kräfte, dennoch blicken verantwortungsbewußte Bürger be-

Die Friedrichstraße um 1910 − heute eine der meistbefahrenen Straßen in Betzdorf. Rechts das Anwesen des Fuhrmanns Euteneuer. − Rechte Seite: die Viktoriastraße.

reits in die Zukunft. Sie erkennen klar, daß die weitere Aufwärtsentwicklung von einem erweiterten Bildungsangebot für die heranwachsende Jugend begleitet werden müsse.

Schon 1810 war die erste katholische Volksschule, unweit der heutigen St.-Ignatius-Kirche an der Stelle der späteren Gaststätte „Zur Erholung" entstanden. 1876/77 wird die kath. Volksschule an der Burgstraße gebaut, die 1889 und 1909 jeweils durch einen Anbau erweitert werden muß. Die 1865 auf dem „Äuchen" errichtete ev. Volksschule

erweist sich schon bald als zu klein, so daß 1878/79 eine neue Schule an der Schulstraße eingerichtet wird. Ihre Räume reichen selbst nach einem Anbau − an gleicher Stelle befindet sich jetzt das Arbeitsamt − nicht mehr aus, so daß es 1907 zum Neubau an der Blücherstraße (Martin-Luther-Straße) kommt.

Um die Jahrhundertwende steht die Siegtalgemeinde vor einer „Bildungsexplosion". Noch bevor nach langjährigen Bemühungen 1901 die „Höhere Knabenschule zu Betzdorf an der Sieg" eröffnet wird, bereiten sich die

ersten Schüler in Privatunterricht auf den Besuch vor. 53 Sextaner, Quintaner und Quartaner „rükken" schließlich in die ehemalige ev. Volksschule auf dem Äuchen ein. Danach verdoppelt sich die Schülerzahl schlagartig. Zwei Klassen müssen vorübergehend in einem angemieteten Privathaus unterrichtet werden, bis im Winter 1902 der Schulanbau fertiggestellt ist. Die „kath. private höhere Mädchenschule" (1906) beseitigt die letzten Bildungsnotstände.

Durch die Zusammenlegung der höheren Knabenschulen von Kir-

Der Bahnübergang Wilhelmstraße („Glück-auf-Schranke") an der Strecke Betzdorf—Siegen, aufgenommen im Jahr 1911. Im Vordergrund ein Teil der alten Siegbrücke, links die Löwenapotheke und rechts die evangelische Kreuzkirche.

chen und Betzdorf (1904) ist inzwischen der Weg zum vollberechtigten Progymnasium frei geworden. Die Abschlußprüfung berechtigt zum Eintritt in die Obersekunda einer Vollanstalt (u. a. in Siegen und Dillenburg). Zwei Jahre später verabschieden sich Lehrer und Schüler vom alten Haus auf dem „Äuchen" und ziehen unter den Klängen der Stadtkapelle zum Neubau an der Grenze von Betzdorf und Kirchen.

Mit finanzieller Hilfe des Kreises Altenkirchen kann das „Realgymnasium Betzdorf-Kirchen an der Sieg" ab Ostern 1912 (erste Obersekunda) — zur Vollanstalt ausgebaut werden. Die ersten Abiturienten verlassen sie im Jahr 1914 mit dem Notreifezeugnis und eilen zu den Fahnen.

SCHWERE RÜCKSCHLÄGE

In den folgenden Jahren bleiben der Gemeinde schwere Rückschläge nicht erspart. Mit der Eröffnung der Bahnstrecke Weidenau—Haiger und der Verbin-

dung von Siegen Hbf. nach Siegen-Ost im Jahr 1915, die den Schienenweg zwischen dem Ruhrgebiet und dem Gießener/ Frankfurter Raum (unter Umgehung Betzdorfs) verkürzen, sieht sich Betzdorf in seiner bisherigen Bedeutung als Eisenbahnknotenpunkt „abgekoppelt". Die gegen erhebliche Widerstände vorgenommenen Schließungen der Werkstätten für die Wagenreparatur (1924) und Lokomotiv-Instandsetzungen (1926) führen zum Verlust von allein 650 Arbeitsplätzen am Ort. Zudem steht die Ermertsche Waggonfabrik vor dem Ende. Und dies in einer Zeit, in der ohnehin wirtschaftlich und politisch eine Krise die andere ablöst.

Zwar verkehrt täglich ein „Personalzug" zum Eisenbahnausbesserungswerk Siegen, das einen Großteil der Betzdorfer Beschäftigten übernommen hat, aber die Sorge bleibt, daß die Arbeitsplätze in „noch weitere Ferne" rükken werden. Indes, die Aufwärtsentwicklung der Industrie schließt manche Lücken, und der Wirtschaftsaufschwung der dreißiger Jahre gleicht die Verluste wieder aus. Es geht wieder aufwärts. Bei Ausbruch des Zweiten Weltkriegs zählt Betzdorf 8 802 Einwohner!

Ein Bild der Zerstörung: Blick aus der unteren Schützenstraße auf das ausgebrannte Hotel „Breidenbacher Hof".

ZERSTÖRTES BETZDORF

Der Krieg und die Nachkriegszeit fordern hohe Opfer auch von den Betzdorfern. Sie können noch eine Zeitlang hoffen, von den Furien des Kriegsgeschehens verschont zu werden — eine trügerische Erwartung! Noch in den letzten Kriegsmonaten wird das Aufbauwerk von über acht Jahrzehnten vernichtet. Drei schwere Luftangriffe zerstören 1945 die Bausubstanz zu 67 Prozent.
Unvergeßlich bleibt u. a. dem jungen Carl-Ludwig Wagner, dem späteren Ministerpräsidenten von Rheinland-Pfalz, das zerstörte und brennende Betzdorf. Seine aus Berlin stammende Familie lebt zu dieser Zeit bei Verwandten in Herkersdorf, im Haus von Ignatz Schmidt. Von dort besucht Wagner das Freiherr-vom-Stein-Gymnasium in Betzdorf. Unter den Hunderten von Betzdorfern, die im Laufe

des Krieges an der Front oder in der Heimat aus dem Leben gerissen werden, befinden sich mindestens 80 Kinder. Sie fallen den wochenlang währenden Aufenthalten in den Luftschutzstollen, der sog. Bunkerkrankheit, zum Opfer.

Der Bahnhof und seine Umgebung, das Lebenszentrum des Ortes, sind von Bomben- und Granattrichtern zerfurcht. Mehr als 950 Häuser werden vernichtet oder erheblich beschädigt. Die Hoffnungen, daß es einmal wieder bessere Zeiten geben werde, sinken mit dem Einmarsch der Alliierten auf den Nullpunkt.

In den Stunden der Not bewährt sich der Gemeinschaftsgeist der Betzdorfer. Als die Amerikaner alle männlichen Einwohner im Alter von 16 bis 60 Jahren zur „Arbeitsaufnahme" aufrufen,

kommen die meisten freiwillig. „Wir hatten den Auftrag von den Amerikanern, in bestimmten Zeitabschnitten die Straßen — zuerst die Hauptverkehrswege — zu räumen", berichtet später Bauunternehmer Albert Lück (†). Aber die Schuttmassen können zunächst nur zur Seite geschaufelt werden, weil Fahrzeuge (und Benzin) für den Abtransport fehlen: z. B. in der Moltkestraße, in der Bahnhof-, Wilhelm-, Schützen- und Schulstraße, wo der überwiegende Teil der Bauten in Trümmern liegt.

Den Helfern wird von Bürgermeister Hundertmark — von den Amerikanern eingesetzt — versprochen, daß die Arbeitszeiten bezahlt würden. Lück: „Aber die Leute legen keinen großen Wert aufs Geld. Sie sind vielmehr froh, daß sie die Straßen wieder passieren können. Sonderzuteilungen an Lebensmitteln werden allerdings gerne angenommen. Ansonsten wird fast alles in freier und unentgeltlicher Arbeit durchgeführt."

„Nachbarschaftshilfe wird allenthalben geleistet. Niemand fragt danach, was er dafür bekommt, sondern es wird einfach mit Hand angelegt. Viele, die sonst den weißen Kittel tragen, stehen jetzt auf zerstörten Häusern, helfen mit die Dächer zuzudecken, schwingen die Schaufel oder die Kelle . . .", heißt es in einer anderen Aufzeichnung, die besonders auch das brüderliche Zusammenwirken der beiden großen Konfessionen erwähnt. Die evangelischen Gemeindeglieder können ihre Gottedienste — die Kreuzkirche ist zerstört — in der katholischen St.-Ignatius-Kirche halten.

WIEDER
AUSBESSERUNGSWERK

Ungeachtet der zahllosen Versorgungsschwierigkeiten beginnt auch in den Betrieben der Wiederaufbau. Bei der Bahn, mit über 1000 Beschäftigten weiterhin größter Arbeitsplatz am Ort, stehen inmitten des zerbombten Bahnhofs Hunderte von teilweise noch beladenen Güterwagen. In Gemeinschaftsarbeit aller Bediensteten gelingt es, das etwa 27 Kilometer lange Gleisnetz instand zu setzen und die Waggons wieder fahrbereit zu machen.

Seit dem 1. Mai 1946 verfügt Betzdorf wieder über ein selbständiges Eisenbahn-Ausbesserungswerk, das den nach Kriegsende neugegründeten „Südwestdeutschen Eisenbahnen" (Sitz in Speyer) zugeordnet ist. Es werden eine Güterabfertigung, ein bedeutender Vorrichtungsbau und eine große Schreinerabteilung unterhalten.

DIE GROSSE FLUT

Im Januar 1948 bedroht eine Naturkatastrophe das Wiederaufbauwerk. Tagelange heftige Regenfälle haben die Sieg und die Heller in reißende Ströme verwandelt. Im Siegtal versinken sogar Eisenbahnbrücken in den Fluten, die Bahnstrecke Köln —Betzdorf kann nicht mehr durchgehend befahren werden. Durch Umsteigen und Umladen wird der ohnehin teilweise noch eingleisige Bahnverkehr aufrechterhalten.

Die Sieg weist inzwischen einen Wasserstand von 5 Meter auf, die Bewohner der Siegstraße sind tagelang von der Außenwelt abgeschnitten. Der erhalten gebliebene Bogen der gesprengten alten Siegbrücke kann die Wassermassen kaum fassen. Die Notbrücke befindet sich in höchster Gefahr.

In den Aufzeichnungen P. Fornebergs heißt es: „Die Eisenbahnbrücke (b. Rosenzweig) muß wegen Einsturzgefahr zwei Tage für den Bahnverkehr gesperrt werden. Der Klosterhof ist zum Klein-Venedig geworden. Das Wasser steht bis in die Wilhelmstraße. Das Hochwasser hat bereits die ehemalige Loosens Brücke mitgenommen. Die Anwohner der tiefer gelegenen Kölner Straße sind besonders stark vom Hochwasser heimgesucht. Hier muß die Feuerwehr wiederholt zur Hilfeleistung eingesetzt werden . . ."

NEUE SIEGBRÜCKE

Die Hochwasserwelle gibt den Befürwortern des baldigen Neubaus einer „stabilen" Siegbrücke neben der gefährdeten Behelfsbrücke Auftrieb. Er fordert — nach der Währungsreform — von der Gemeinde große finanzielle Opfer, denn Zuschüsse vom Kreis und vom Land Rheinland-Pfalz, zu dem Betzdorf seit 1946 gehört, fließen noch nicht. Ein Kommunalpolitiker berichtet aus dieser Zeit: „Es wird viel gestöhnt im Ort, weil es kaum Einnahmen gibt. Die Betriebe sind zerstört, und noch liegt vieles am Boden. Aber die Brücke ist eine Lebensader für Betzdorf, und sie wäre nicht so schnell neu gebaut worden, wenn wir auf Mittel und Zuschüsse gewartet hätten . . ."

Die Neubauten der Marienschule (1960) und der Christophorusschule (1964) sind die ersten kommunalen Grundsteine für die künftige „Schulstadt Betzdorf", die mit den weiterführenden Einrichtungen des Kreises einen Bereich von nahezu 70 000 Einwohnern versorgt. Neue Häuser erhalten die Mädchen-Realschule (1953; die heutige Bertha-von-Suttner-Realschule), die Berufsbildende Schule auf dem Bühl (1957) und das Freiherr-vom-Stein-Gymnasium Betzdorf-Kirchen (1966). In das frei werdende alte Gymnasialgebäude zieht der Jungenzweig der Realschule am Molzberg, aus dem später die selbständige Realschule I Betzdorf (heute Geschwister-Scholl-Realschule) hervorgeht.

Bis 1953 werden die Kriegsschäden im Wohnbereich etwa zu 85 Prozent beseitigt, rund 1,6 Millionen Mark zur Wiederherstellung öffentlicher Gebäude aufgewendet. Industrie, Handwerk und Gewerbe bieten jetzt 2 500 Arbeitsplätze. Und wieder kann sich die Gemeinde auf ihre besondere Bedeutung als Verkehrsknotenpunkt berufen: „Zweigen doch allein von hier aus in sechs Richtungen Bahnlinien ab, die Betzdorf mit allen Gegenden Deutschlands verbinden. Ein Omnibusnetz, das von Betzdorf seinen Ausgang nimmt, steht daneben. Die Zahl der ein- und auslaufenden Züge (nur Personenbeförderung) beträgt 156."

ZENTRALE DES ERZBERGBAUS

Mit inzwischen 9 748 Einwohnern „größter Ort zwischen Siegen und dem Rhein", sieht sich Betzdorf seit der Gründung der Erzbergbau Siegerland AG am 18. März 1953 in der Wahrnehmung weiterer Mittelpunktaufgaben bestätigt. In dieser neuen Gesellschaft ist der gesamte Siegerländer Eisenerzbergbau zusammengefaßt.

In dieser Zeit fördern neun Gruben mit einer Gesamtbelegschaft von 4 700 Mann monatlich 100 000 bis 120 000 Tonnen Roherz. „Von dem in modernen Aufbereitungs- und Röstanlagen produzierten Rost, dessen Qualität von keinem anderen deutschen Erz in bezug auf Eisen- und Mangangehalt sowie Phosphorfreiheit erreicht wird, gelangen mehr als zwei Drittel an die rheinisch-westfälischen Hochofenwerke, der übrige Teil wird von der Siegerländer Hüttenindustrie verarbeitet", schreibt die Gesellschaft. Sie erhält ihren Sitz im Gebäude der Kruppschen

Noch wirbt die Erzbergbau Siegerland AG in Betzdorf im „Heimat-Adreßbuch des Kreises Altenkirchen" von 1957 mit der neuen Schachtanlage der Grube „Georg" (Willroth).

Bergverwaltung, das noch 1961/62 um einen hochhausartigen Neubau — das heutige Amtsgericht — erweitert wird.

ZUR STADT ERHOBEN

„Das Bild von Betzdorf ist das einer Stadt und nicht mehr mit einer kleinen Gemeinde zu vergleichen." Angesichts der erfreulichen Gesamtentwicklung beschließt der Rat, die rheinlandpfälzische Landesregierung formell um die Verleihung der Stadtrechte zu ersuchen. Der Antrag wird bald genehmigt, weil auch in der Landeshauptstadt erkannt worden ist, daß sich die Gemeinde Betzdorf „im Verlauf der letzten Jahrzehnte mit bemerkenswerter Stetigkeit durch die Strebsamkeit ihrer Bürger und die Initiative ihrer Selbstverwaltungsorgane zu einem Gemein-

wesen entwickelt hat, das weit über die Grenzen des Landes hinaus bedeutend geworden ist . . ."

Bei der Überreichung der Verleihungsurkunde am 10. Oktober 1953 unterstreicht Ministerpräsident Dr. Peter Altmeier vor einer nach Tausenden zählenden Menschenmenge am Rathaus die wirtschaftliche Bedeutung des Kreises Altenkirchen im Land Rheinland-Pfalz und „in ihm vor allem die Bedeutung von Betzdorf, die es als wichtigen Eisenbahn- und Verkehrsknotenpunkt zugleich zu einer wirtschaftlichen Zentrale von Handel, Handwerk und Gewerbe werden ließ".

Noch kann der Ministerpräsident die Überzeugung äußern, daß mit der nach mühsamen Entflechtungsverhandlungen gegründeten Erzbergbau Siegerland AG „für die weitere wirtschaftliche Entwicklung von Betzdorf eine neue Grundlage geschaffen wurde, insbesondere wenn man in Erwägung zieht, daß der neuen Gesellschaft in der Zusammenfassung aller Gruben des Siegerlandes eine für die gesamte deutsche Wirtschaft grundlegende Bedeutung zukommt".

Die Stadt feiert ihren Geburtstag „in Glanz und Würde" (so die zu dieser Zeit noch erscheinende „Volkszeitung") gleichzeitig mit der Einweihung der neuen Postbrücke über die Heller (Post-/heutige Decizer Straße) und des Neubaus der Mädchen-Realschule (heute Bertha-von-Suttner-Realschule). Die Betzdorfer haben — so scheint es — allen Grund, zuversichtlich in die Zukunft zu sehen.

Indes, alsbald ziehen dunkle Wolken eines strukturellen Tiefs über der Siegerländer Grundstoffindustrie am strahlenden Konjunkturhimmel auf. Der Absatz der heimischen Erze geht zurück, auch die eisenschaffende Industrie sieht sich mit wachsenden Schwierigkeiten konfrontiert. Gefährdet sind außerdem die Arbeitsplätze im Eisenbahn-Ausbesserungswerk. Zum zweitenmal in seiner Geschichte verliert es 1954 seine Selbständigkeit und wird schließlich ganz aufgelöst. Die Arbeitskräfte werden vom EAW Siegen oder von anderen Dienststellen übernommen.

HERAUSFORDERUNGEN

Rat und Verwaltung sehen sich insbesondere durch die Schließung des Eisenbahn-Ausbesserungswerks herausgefordert. „Jetzt war zwangsläufig eine Entscheidung zu treffen, ein Bewußtseinsänderungsprozeß mußte eingeleitet werden", umreißt im nachhinein Betzdorfs damaliger Bürgermeister Hanns Kraemer die Situation.

Die nachdrücklich geforderte Ansiedlung neuer Industriebetriebe findet jedoch nicht nur Zustimmung, sondern stößt in einer Zeit, in der Arbeitskräfte dringend gesucht werden, auch auf Widerstände. „Aber Gott sei Dank haben sich immer wieder Mehrheiten gefunden, den Weg des Ungewohnten zu gehen", stellt Hanns Kraemer fest.

Stadtrat und Verwaltung vertreten einhellig die Auffassung, daß eine „gemischte" Industrie Betzdorfs Wirtschaftsstruktur unabhängiger von konjunkturellen Schwankungen oder strukturel-len Veränderungen machen sollte. Die Aufnahme in die Förderungsprogramme von Land und Bund trägt maßgeblich zur Verwirklichung dieser Vorstellungen bei.

ZU „NEUEN UFERN"

Der Neubau der Industriebrücke zum „Fahrendrieschen" ermöglicht auf einem 72 000 Quadratmeter großen Gelände die erste größere Neuansiedlung: die Siemag Kette GmbH. Noch ehe das neue Werk an der Sieg seiner Bestimmung übergeben wird, ergibt sich eine Verbindung der Siemag mit der Amsted Industries Inc. (USA), die sich mit einer Produktionsstätte für Ketten unmittelbar am europäischen Markt beteiligen will. Im Jahr 1962 erfolgt die Gründung der deutsch-amerikanischen Amsted-Siemag Kette GmbH, die ein Jahr später in Betzdorf mit der Produktion von Hochleistungs-Rollenketten von kleinsten bis größten Abmessungen, Standard- und Spezialkettenrädern aus Stahl oder Guß beginnt.

Der Brückenschlag über die Sieg gewinnt über seinen eigentlichen Zweck der Industrieland-Erschließung hinaus Symbolcharakter: Betzdorf befindet sich bereits auf „neuen Ufern", auf dem Weg zur modernen Industriestadt, die nun schnell die traditionelle „Eisenbahngemeinde" in ihrer wirtschaftlichen Bedeutung überholt. Den weiteren Verlauf dieser Entwicklung markieren die Überführung über die Bahnanlagen und die Industriestraße in Bruche, an der ein neues Werk der Firma Schäfer − sie hatte bereits 1955 die frei gewordenen Hallen des Eisenbahn-Ausbesse-rungswerks belegt − entsteht. Die Schäfer-Werke GmbH betreiben zu dieser Zeit innerhalb der weltweit bekannten Schäfer-Gruppe den Geschäftsbereich Heiz- und Bautechnik. Das Werk Betzdorf-Bruche (1969) produziert vorwiegend Stahlradiatoren, Solarkollektoren, verschiedene Schrankprogramme und Baufertigteile.

Von allen Schäfer-Werken ist das Betzdorfer Werk das erste, das vom ersten Spatenstich bis zum letzten Pinselstrich in einem Zug in knapp 15 Monaten fertiggestellt wird: ein Werk mit 23 000 Quadratmeter Hallenfläche, in dem rund 320 Mitarbeiter beschäftigt werden. In einem 2. Bauabschnitt entstehen 1978 weitere 11 800 Quadratmeter Hallenfläche. Noch im selben Jahr nimmt SSI Schäfer Shop International den Standortwechsel von Burbach nach Betzdorf vor, wo sich die 1970 gegründete und 1975 verselbständigte Versandabteilung für Büro-, Lager- und Werkstattbedarf zu einem der führenden Versandhäuser der Branche in Europa entwickelt.

Auf einer Grundfläche von 50 000 Quadratmeter in Bruche erweitert die Wolf-Geräte GmbH ihre Anlagen. Es entstehen die größte Rasenforschungsanlage in Europa (Versuchsflächenbestand 25 000 qm) auf privater Initiative und das „modernste und größte Werk" zur Herstellung von Rasenpflegegeräten, das 1970 als europäischer Musterbetrieb auch hinsichtlich der Humanisierung der Arbeitsplätze mit der Produktion beginnt und dann relativ schnell erweitert werden muß. Im Jahr 1971 baut das Unternehmen das Zweigwerk in St. Wendel.

Seit dem Rückzug der Bahn entwickelte sich Betzdorf zur Industriestadt. In Bruche entstand u. a. SSI Schäfer Shop International, eines der führenden Versandhäuser in Europa.

EIN „ECHTER SCHWERPUNKT"

Welche gewaltigen Anstrengungen hinter dem schlicht umschriebenen Arbeitsziel „Schaffung von Arbeitsplätzen im Industriebereich für unsere Bevölkerung" stehen, wird aus einem kurzen Vermerk im Verwaltungsbericht 1974 deutlich. Demnach erfordern Ankauf und Erschließung des Industriegeländes rd. 8 Mill. DM an Aufwendungen der öffentlichen Hand, von denen Bund und Land zusammen mehr als 5 Mill. DM zur

Verfügung stellen. „Dank der Ausweisung Betzdorfs als Bundesausbauort sind unsere Stadt und ihr Umland zu einem echten Schwerpunkt im Oberkreis des Landkreises Altenkirchen geworden."

HISTORISCHER RATSBESCHLUSS

Im Jahr 1963 faßt der Stadtrat den historischen Beschluß, eine städtebauliche Erneuerung des Kerngebiets einzuleiten, verbunden mit einer Sanierung des Verkehrs. Die Stadt soll durch die

Schaffung eines leistungsfähigeren Geschäftsgebiets als Einkaufszentrum attraktiver gestaltet werden. Diese Aufgaben bilden in den nächsten Jahren einen Schwerpunkt in der Arbeit des Stadtrats und seiner Ausschüsse. Im Bauamt der Verbandsgemeinde sind bereits die erforderlichen Vorbereitungen getroffen worden. Wirtschaftsanalysen und Verkehrsgutachten werden in Auftrag gegeben.

Im Frühjahr 1970 wird der Bebauungsplan „Stadtmitte" genehmigt und damit geltendes Ortsrecht. Das Sanierungsvorhaben findet auch die Zustimmung des

Engpaß „Deutsches Haus": für den Durchgangsverkehr führte hier kein Weg vorbei. Im Bild rechts das 1976 abgebrochene Gebäude des Fahrzeughauses Heer, links das ein Jahr später abgerissene Hotel.

wirklicht wird. „Endlich ist das Gespenst der Schranke in die Vergangenheit gerückt worden, das Gebilde, von dem man frei mit Heinrich Lersch sagen konnte: ‚Alle Räder stehen still, wenn dein rot-weißer Arm es will'", wie Bürgermeister Wilhelm Neuß bei späterer Gelegenheit bekennt.

Inzwischen hat sich die junge Stadt auch der Ausführung eines weiteren Wettbewerbsvorschlags von 1969 gewidmet: der Sieg-

Bundespräsident Walter Scheel ließ sich während seines offiziellen Besuchs in Betzdorf am 16. September 1977 von Bürgermeister Wilhelm Neuß u. a. über den Stand der Stadtsanierung informieren.

Landes Rheinland-Pfalz und der Bundesregierung, so daß Betzdorf dank der vorbereiteten Planung zu den ersten Städten in der Bundesrepublik gehört, die Mittel nach dem Städtebauförderungsgesetz erhalten. Die Zuschüsse − 2,6 Mill. DM von Bund und Land − fließen zur „richtigen Zeit": Die Konjunktur befindet sich auf Talfahrt, die Bahn zieht sich weiter aus Betzdorf zurück. Die Stadt muß 2,3 Mill. DM als eigenen Anteil erbringen. Im Jahr 1972 werden im Planungsgebiet zwei Sanierungsbereiche förmlich festgelegt, ein weiterer folgt 1976. Dazu wird ein vierter Teilbereich ausgewiesen. Das Sanierungsgebiet umfaßt eine Fläche von 8,8 Hektar. Vorrangig sind in Betzdorf die Schienenstränge zu überwinden, die zwar wesentlich zum Auf-

stieg Betzdorfs beigetragen, sie aber gleichzeitig städtebaulich in ihre Schranken verwiesen haben.

„DRUNTER ODER DRÜBER?"

Als dringlichstes Anliegen gilt die schon vor dem Ersten Weltkrieg erörterte Beseitigung der „Glück-auf-Schranke" im Zuge der B 62 (Wilhelmstraße). Dabei stellt sich die Frage, ob es bei der Bauausführung „drunter oder drüber hergehen" soll.
Der preisgekrönte Vorschlag eines Ideenwettbewerbs im Jahr 1969 führt nach langen Diskussionen im Stadtrat und seinen Ausschüssen zur „Obendrüber"-Lösung: zur Entscheidung für eine Überführung der B 62 über Bahn und Sieg, die 1976 ver-

Eleganter „Brückenschlag" über die Bahn und die Sieg: das in drei Bauabschnitten in den Jahren 1974/76 errichtete Überführungsbauwerk im Zuge der B 62.

Heller-Überbauung mit einer Fußgängerbrücke über die Bahn und mit einem zentralen Omnibusbahnhof in Verbindung mit einer Fußgängerzone und einem Kaufhaus auf der Seite der Wilhelmstraße.

Durch die Überwindung der „trennenden Elemente" wie Bahn, Flüsse und nicht mehr leistungsfähiger Straßen sollen die Funktionen der Stadt so weit wie möglich konzentriert werden. „Um jenes urbane Leben zu schaffen, das Kontakt zeugt und auf dem das Wesen einer Stadt beruht", wie Bauoberamtsrat Josef Greb das Ziel bei Beginn der Bauarbeiten (1974) verdeutlicht.

Blitz und Donner kündigen die „Halbzeit" an: die Fertigstellung der Fußgängerüberführung und das Richtfest der Sieg-Heller-Überbauung am 14. Juni 1977. Für die Besichtigung der Baustelle bleibt den Gästen nur wenig Zeit. Es regnet in Strömen, die Veranstaltung findet deshalb im Saal Wertmann statt. „Ein wahrhaft kühnes Projekt" für eine großzügige Verkehrslösung in Verbindung mit der Stadtsanierung und dem inzwischen fertiggestellten Neubau des AKA-City-Kaufhauses (4 000 qm Nutzfläche) beeindruckt den rheinland-pfälzischen Wirtschafts- und Verkehrsminister Heinrich Holkenbrink. „Dies ist einfach

eine feine Sache und ehrt alle, die daran beteiligt waren", lobt der Gast aus Mainz sorgfältig aufeinander abgestimmte Einzelmaßnahmen und das hier auf einer freiheitlich-demokratischen Grundlage zum Ausdruck gekommene freiwillige Engagement der Bürgerschaft. Deshalb imponiere ihm die Betzdorfer Gesamtmaßnahme noch mehr als die Winninger Brücke, die weithin als ein Charakteristikum des Landes gelte.

Nachdrücklich bekräftigt Bürgermeister Neuß: „Eine von der Eisenbahn geprägte Gemeinde legt ihre eisernen Fesseln ab, um ihren Bürgern und ihrem Umland bessere Dienste als Wohn- und

Beginn der Gründungsarbeiten (1975) für den Omnibusbahnhof zwischen der Siegbrücke und dem Mündungsbereich der Heller (linke Seite). − Der 1. Bauabschnitt mit der Fußgängerüberführung (1977) über die Bahn ist nahezu fertiggestellt − oberes Bild.

Dienstleistungsstadt anbieten zu können. Eine Stadt beginnt ihr Gesicht zum Wohle der Allgemeinheit zu ändern . . ." Ein besonderer Dank gilt den Bürgern, die „Staub und Schmutz während der Bauzeit getragen und geschluckt haben". Sie „trimmen" sich nun über die „Asthmabrükke" (so im Volksmund) in die Wilhelmstraße, manch einer vermißt das Gespräch vor der geschlossenen „Glück-auf-Schranke" . . .

Mit einem gemeinsamen „Kraftakt" räumen am 6. Oktober 1978 der rheinland-pfälzische Wirtschafts- und Verkehrsminister Heinrich Holkenbrink, der Parlamentarische Staatssekretär im Bundesministerium für Verkehr, Lothar Wrede, und Bürgermeister Rudolf Schwan die rotweiße Sperrbake auf dem zentralen Omnibusbahnhof (mit Fußgängerbereich) vor vielen hundert Zuschauern beiseite. Die ersten blumengeschmückten Busse von Bundesbahn und Westerwaldbahn rollen unter das orange Zeltdach.

Betzdorf hat zu Beginn der Festwoche zum Jubiläum der Stadtwerdung vor 25 Jahren die Sieg-Heller-Überbauung „glücklich unter die Haube" gebracht. „Geboren wurde die Idee von Bauamtsleiter Greb, weitergetragen wurde sie von einem mutigen Stadtrat, verwirklicht von entscheidungsfreudigen Männern des Bauausschusses und der verschiedensten Behörden", bringt der Oberbauleiter, Dipl.-Ing. Gerhard Salveter, den Erfolg jahrelanger Bemühungen auf den Punkt. Der riesige Schlüssel für das 8,3-Millionen-Projekt, den er Bürgermeister Schwan überreicht, weist hohen Symbolcharakter auf: als „Schlüssel" für die Fortsetzung der Stadtsanierung. Minister Holkenbrink würdigt in guter Laune das Ereignis als

Das „Jahrhundertbauwerk" wurde gut „unter die Haube" gebracht: der zentrale Omnibusbahnhof über Sieg und Heller kurz vor der Fertigstellung.

Ergebnis einer systematischen Arbeit: „1976 das Überführungsbauwerk, 1977 die Fußgängerbrücke, dieses Jahr der Busbahnhof – in puncto Fertigstellung von Maßnahmen haben Sie in Betzdorf einen Jahresrhythmus. Aber die Topographie hat das verlangt!" Die Stadt sei seit 1963, dem Beschluß zur Sanierung des Zentrums, einen „dornenvollen Weg" gegangen, aber die anstehenden Probleme seien „in guter Betzdorfer Art glänzend gelöst" worden.

Die Sieg-Heller-Überbauung – sie erhält den Namen „Konrad-Adenauer-Platz" – hat nach den Worten von Bürgermeister Schwan für die Stadt Betzdorf eine so weitreichende Bedeutung, daß sie zu Recht als „Jahrhundertbauwerk" bezeichnet

werden könne. Bei zwischenzeitlich über 300 An- und Abfahrten der Linienbusse mit etwa 10 000 Fahrgästen werktäglich auf dem engen Bahnhofsvorplatz sei dieser Bau zwingend erforderlich geworden. Als einzige Realisierungsmöglichkeit habe sich der „Luftraum über den Flüssen Sieg und Heller" angeboten.

Schwan kündigt bereits die nächsten Maßnahmen zur Erweiterung des Fußgängerbereichs und zur Sanierung des innerstädtischen Verkehrs an. Zu ihnen gehören zunächst der Bau des Sieg-Parkplatzes mit 126 Stellflächen und die Beseitigung des letzten schienengleichen Bahnübergangs am „Posten 71" (damals Tiergartenstraße/heute Steinerother Straße). Beide Maßnahmen können 1979/80 verwirklicht

werden. Das „geteilte" Betzdorf rückt noch an anderer Stelle näher zusammen: Seit 1980 verbindet eine Fußgängerbrücke entlang der Eisenbahnüberführung über die Sieg die Geschäftszentren an Wilhelmstraße und Bahnhofstraße.

KULTURELLER AUFSCHWUNG

Auch auf kulturellem Gebiet erlebt die junge Stadt eine ständige Aufwärtsentwicklung. Die 1953 ins Leben gerufene Volkshochschule und ihre Theatergemeinde sehen ihre erfolgreiche Arbeit durch wachsende Besucherzahlen belohnt. Seitdem das Rheinische Landestheater (Neuß) mit Prominentengastspielen in der „Bürgergesellschaft" oder im „Wolferhaus" gastiert, kann die Theatergemeinde einen festen Abonnentenstand aufweisen. Die 1970 gegründete Musikgemein-

▶

Ein bedeutungsvoller Tag für Betzdorf: Rechtzeitig zum Jubiläum „25 Jahre Stadt Betzdorf" konnte am 6. Oktober 1978 der Omnibusbahnhof auf dem Konrad-Adenauer-Platz eingeweiht werden. Viele hundert Zuschauer verfolgten die Feierlichkeiten, die mit einem Rundgang der Gäste begannen. Das untere Bild zeigt in der ersten Reihe von links: den seinerzeitigen Landtagsabgeordneten Ulrich Schmalz, Wirtschafts- und Verkehrsminister Heinrich Holkenbrink, Bürgermeister Rudolf Schwan, Staatssekretär Lothar Wrede und MdB Klaus Immer.

Inzwischen ein Bild der Vergangenheit: Stets drangvolle Enge herrschte zu den Hauptverkehrszeiten auf dem Bahnhofsvorplatz, wie der Blick von der 30-Meter-Drehleiter der Feuerwehr zeigt.

Es besteht aus den besten Musikern des Orchesters des Freiherr-vom-Stein-Gymnasiums Betzdorf-Kirchen und ehemaligen Schülern, die ihrem Instrument „treu" geblieben sind. Den Kern des Kammerorchesters bildet die Familie des Leiters, die als eigenständiges Streichsextett weit über Betzdorf hinaus als „Geldsetzer-Ensemble Betzdorf" Bedeutung erlangt. Das Repertoire umfaßt die Literatur zwischen Barock und Moderne.

Zusätzlich bereichert wird die Kulturlandschaft − ein Blick voraus − durch eine Initiative junger Leute, die 1991 den gemeinnützigen Verein „Lokschuppen" als vielgenutztes Forum „alternativer" Kultur gründen. Zugleich mit seiner Anerkennung erfolgt die Fusion mit dem ehemaligen Kleinkunstverein „Die Eule", von dem die Tradition des Programmkinos übernommen wird. Das „Eule-Kino im Lokschuppen" bietet montags und dienstags seine „Film-Leckerbissen" an.

Ein gemeinsames „Bürgerzentrum"?

„Zu beklagen bleibt jedoch, daß Betzdorf nicht über bessere Veranstaltungsräume verfügt", vermerkt bereits der Arbeitsbericht des Stadtrats und seiner Ausschüsse über die Wahlperiode 1969/1974. „Es muß daher, trotz aller anderen dringenden Aufgaben, als ein Vorhaben der nächsten Zukunft an den Bau eines Bürgerzentrums mit Räumen für Theater und Konzert, Vortragsräumen, Räumen für Erwachsenenbildung, Jugendarbeit und einer öffentlichen Bibliothek gedacht werden."

de Betzdorf-Kirchen unter der künstlerischen Leitung von Herbert Ermert hat ebenfalls schnell Fuß gefaßt und trägt zur Bereicherung des kulturellen Lebens bei. Anfang der 70er Jahre vereinigen sich der 1968 auf Wunsch ehemaliger Schüler von Ermert gegründete Siegland-Kantatenchor und der Siegener Musikverein (Städtischer Chor Siegen) zum Siegerland-Oratorienchor, dem späteren Philharmonischen Chor. Mit seinem weit gespannten Repertoire von der Klassik bis zur Neuzeit findet er bald internationale Resonanz. Das Kammerorchester Betzdorf wird 1970 von seinem Leiter Hellmuth Geldsetzer gegründet.

Die Vorschläge konzentrieren sich in den Jahren 1978/79 u. a. auf ein gemeinsames Projekt mit der Gemeinde Kirchen am „Struthof". Betzdorf muß jedoch letztendlich den Alleingang wagen. Nach verschiedenen Gesprächen und Besichtigungen informieren die Bürgermeister Fritz Greßnich und Rudolf Schwan während einer Pressekonferenz am 11. Mai 1979 über einen in nichtöffentlicher Sitzung des Kirchener Gemeinderats einstimmig gefaßten Beschluß, aus finanziellen Gründen von dem gemeinsamen Projekt abzurücken.

Als neuer Standort in zentraler Lage wird nun das Gelände des St.-Josef-Krankenhauses favorisiert. Die Idee, die „fromme" Westersche Stiftung sinnvoll in den neugegründeten Verein Altenzentrum einzubringen, führt zu einem Grundstückstausch: Die Stadt übernimmt das Anwesen an der Heller und stellt als Gegenleistung den alten Friedhof

Nicht ohne ein wenig Wehmut: Das 1899 errichtete St.-Josef-Krankenhaus mit Anbauten weicht 1981 der Stadthalle.

für den Neubau des Altenzentrums „St. Josef" zur Verfügung. Er wird als Modellprojekt einer neuartigen Verbindung von geschlossener und offener Altenhilfe „mit denkbar weitgehenden Rehabilitations- und gesellschaftlichen Integrationsmöglichkeiten" konzipiert und in den Jahren 1976/77 verwirklicht. Zum Modell gehört die Einbindung der ambulanten Dienste der 1971 eröffneten Ökumenischen Sozialstation Betzdorf−Kirchen, die von der Wilhelmstraße in die neuen Räume des Altenzentrums zieht.

Im April 1981 beauftragt der Stadtrat vier Architekturbüros mit der Ausarbeitung von Vorentwürfen für eine Stadthalle und ein Hotel. Am 7. Oktober 1981

billigt er die vom „Obergutachtergremium" empfohlene Planung des Battenberger Architekten Fritz Roth und beauftragt die Verwaltung, sich um Zuschüsse des Landes zu bemühen. Am 21. Juli 1982 entscheidet sich der Rat mit großer Mehrheit (19 gegen sieben Stimmen) für den mit 16 Mill. DM veranschlagten Bau der Stadthalle und des Hotels. Nach dem überraschenden Absprung des privaten Hotelinvestors müssen jedoch die Pläne geändert werden. Aber auch die „reduzierte" Fassung (8,8 Mill. DM) findet im Stadrat eine große Mehrheit. Noch am Jahresende 1982 vergibt er die ersten Aufträge.

Und zu guter Letzt: Am 10. November 1984 kann die Einwei-

hung der Stadthalle mit Innenminister Kurt Böckmann als Festredner in freudiger Premierenstimmung erfolgen. „So ein Zentrum gehört einfach in eine Stadt wie Betzdorf!" ruft der Minister den etwa 700 Gästen zu. Seine Aussage wird eindrucksvoll bestätigt. Die Stadthalle entwickelt sich mit jährlich rund 50 000 Besuchern zu einem Kultur- und Veranstaltungszentrum für die Region.

VIELE GUTE IDEEN

Ein Blick zurück zur Bahnhofstraße: „Planergruppe Bonn siegte im Ideenwettbewerb" − „Interessante Idee: Brücke zur Augustastraße" − „Kastanie kann

Die obere Bahnhofstraße – ein Situationsbild aus den 1970er Jahren.

stehen bleiben" lauten die Schlagzeilen in der Lokalpresse nach 13stündiger Sitzung des Preisgerichts am 17. Februar 1984.

Bürgermeister Schwan und Eberhard Kahl als Vertreter der Kommunalbau betonen, daß so lange diskutiert worden sei, bis alle Entscheidungen einstimmig getroffen werden konnten.

Gesucht war eine Neugestaltung der Bahnhofstraße als Fußgängerzone mit einer bestmöglichen Bebauung zur Bahnlinie Betzdorf–Gießen zwischen den Häusern Ortheil und Boquoi. Eine der Wunschvorgaben dazu lautet, die Kastanie – „ein Stück

Betzdorf" – zu erhalten. 18 von den insgesamt 21 Architekten lassen sie auf ihren Plänen stehen! Die Decizer Straße soll in Verbindung mit dem unteren Teil der Bahnhofstraße als verkehrsberuhigte Zone eingeplant werden.

„Viele gute Ideen und Vorschläge sind das faktische Resultat" des Wettbewerbs: 15 Architekten sehen bereits eine Fußgängerbrücke von der Augustastraße her über die Bahn zum 2. Obergeschoß des an der Bahnhofstraße neu zu errichtenden Gebäudekomplexes vor: „Was sich eigentlich direkt anbietet, da die

abschüssige Augustastraße niveaugleiche Führung der Fußgängerbrücke erlaubt. . . Entlang der Vorderfassade der neuen Häuser an der Bahnhofstraße wurde im 1. Obergeschoß eine Galerie vorgeschlagen, so daß im Erdgeschoß und im 1. Obergeschoß Schaufenster geplant werden können. Die Galerie dürfte sich vom Bahnhof her (Haus Ortheil) bis hinüber zum Treppenauf- bzw. -abgang erstrecken, der im Bereich der Kastanie entsteht (hier wäre eine Anschlußmöglichkeit zur Fußgängerbrücke Richtung Viktoriastraße) einschließlich" (SZ vom 20. Februar 1984).

SPATENSTICH PER BAGGER

Mit weitausholenden Schritten eilt Ministerpräsident Dr. Bernhard Vogel am 7. November 1985 durch die Innenstadt, „als gebe es im ganzen Land nichts Eiligeres zu tun: die Fortsetzung der bereits mit Elan begonnenen Stadtsanierung". So sieht der Chronist den Landeschef vor dem „1. Spatenstich" für den Bau der 300 Meter langen „Industrie-Erschließungsstraße Schäfer-Werke". Der dafür bereitstehende Bagger der Gebr. Schmidt (Freusburg) bringt in den folgenden Tagen nicht nur 20 000 Kubikmeter Erde, sondern auch eine wichtige Voraussetzung für die Neugestaltung der Bereiche Bahnhofstraße und Viktoriastraße in Bewegung. Die neue Parallelstraße soll die Viktoriastraße vom Lkw-Verkehr zu den Schäfer-Werken und vom Durchgangsverkehr entlasten.

Der Ministerpräsident geht in seiner Ansprache auf die Schwierigkeiten ein, Entscheidungen für Projekte wie die Stadtsanierung zu treffen und Verständnis dafür zu finden. Aber für alles, das gut geplant und überlegt sei, − das habe sich andernorts gezeigt − werde sich schon bald die Zustimmung der unmittelbar Betroffenen einstellen.

„ÜBERGANGSPHASE" IN 185 TAGEN

Im Februar 1986 beginnen die Tiefbauarbeiten in der Bahnhofstraße, im Mai 1986 folgt der Abbruch der Häuserzeile an der Bahnseite. Unter den wuchtigen

Wo sonst werktäglich über 17 000 Fahrzeuge durchrollen: Wilhelmstraße während des Hochwassers im Jahr 1984.

Schlägen eines Baggers brechen auch die letzten Mauern eines noch aus der „Gründerzeit" stammenden Waggonschuppens zusammen. Die von der Sanierung betroffenen Geschäfte sind während der „Übergangsphase" in Container umgezogen, der Verkauf kann nahtlos weitergehen.

Stück für Stück verändert sich das Gesicht der Bahnhofstraße. Die Zeit drängt, denn die Einzelhändler hoffen, noch rechtzeitig zum Weihnachtsgeschäft in ihre neuen Räume einzuziehen. In 185 Tagen wird dieser 1. Bauabschnitt bewältigt: Anfang Dezember 1986 öffnen die ersten

„Container" als Ladengeschäfte (1986) in der Bahnhofstraße.

Minuziös am „Kragen" (1987) gepackt: Die Fußgängerbrücke zwischen Bahnhof- und Viktoriastraße schwebt auf die Widerlager ein.

1987 hievt ein 300-Tonnen-Kran die 15 Meter lange Konstruktion von einem Schwertransporter millimetergenau auf die Widerlager zwischen Bahnhof- und Viktoriastraße.

SYMBOL FÜR DYNAMIK

Indes, viele können sich noch nicht so richtig vorstellen, wie das Gesamtbild der Fußgängerzone einmal aussehen wird. Vor allem die „gewaltige Baustelle" des Rampenwendels sorgt für viel Gesprächsstoff. Erich Nolden sieht bereits „ein Elefantenklo mit Wasserspülung". Die spiralenförmig angelegten Betonflächen wirken zunächst überdimensioniert, noch erscheint es unvorstellbar, daß hier eine transparente, helle Stahlrohrkonstruktion mit Sonnensegeln, einem Brunnen und Aussicht auf die Decizer und Bahnhofstraße entstehen wird. Ein herausragendes und herausforderndes Symbol für die Dynamik der jungen Stadt! Bürgermeister Peter Koeleman spricht von einem „Sonnentempel" und einem „Meilenstein im Sinne der Stadtwerdung, der Entwicklung vom Dorf zur Stadt in den letzten 150 Jahren".

Und „ganz schön rund" – wie der Wendel – soll es dann auch bei der für den 4. September 1987 terminierten Einweihung der „Fußgängerzone Bahnhofstraße" einschließlich des neugestalteten Bahnhofsvorplatzes zugehen. Als beiderseitiger städtebaulicher Abschluß entsteht der mehrgeschossige Neubau des Sanitätshauses Krell. In Verbindung mit diesem Projekt baut die Stadt die Fußgängerunterführung mit einem großzügig wirkenden Ausgang zur Bahnhofstraße aus.

zehn Einzelhandelsgeschäfte mit einer Verkaufsfläche von 1520 Quadratmeter.

Mit aufmerksamen, manchmal auch mit fragenden Blicken verfolgen die Bürger den Fortschritt im 2. Bauabschnitt. Er bietet ihnen sogar ein einmaliges technisches Schauspiel an der Baustelle für die Fußgängerbrücke zwischen Bahnhof- und Viktoriastraße: Am Abend des 13. Mai

Lange Zeit das Gesprächsthema Nummer 1: der Bau des Rampenwendels in der Bahnhofstraße, aufgenommen im März 1987.

DIE NEUE BAHNHOFSTRASSE

Festlich geschmückt und strahlend in der Vormittagssonne erwartet die Stadt ihre Gäste. „Betzdorf gehört zu den wenigen beispielgebenden Städten, die sich frühzeitig um die Vitalität des Stadtkerns gekümmert haben", spart der rheinland-pfälzische Innenminister Rudi Geil nicht mit Lob für „ein Stück Zukunft". „Ich freue mich, die neue Bahnhofstraße ihrer Bestimmung zu übergeben. Die Fußgänger und der Einzelhandel haben jetzt Vorfahrt." Bürgermeister Koeleman ruft zu weiteren Anstrengungen gegenüber der Konkurrenz im Umkreis auf. „Wir brauchen eine Stadt mit Flair und Charme, mit Gemütlichkeit und Ausstrahlung. An diesem Ziel sind wir noch lange nicht ange-

kommen, aber wir haben einen großen Schritt nach vorne getan."

„EINE HANDSCHRIFT"

Die „Stilelemente" der Bahnhofstraße (Rasterpflasterung, Lampen, Sitzgelegenheiten, Rankgewächse) werden im wesentlichen auf die „Fußgängerzone Viktoriastraße" (1988) übertragen, „so daß alles eine Handschrift trägt" (Bauamtsleiter Michael Lauer). Mit dem gleichzeitigen Ausbau der verkehrsberuhigten Bereiche Augustastraße, Rainstraße, untere und obere Kirchstraße in einem Bauabschnitt wird eine weitere wichtige Runde der Entwicklung zum städtischen Zentrum eingeleitet. Durch die Fußgängerbrücke über die Hellertalbahn und den Rampenwendel wird dieser Bereich optimal an

die „Fußgängerzone Bahnhofstraße" angebunden. In nur vier Monaten Bauzeit kann die Umgestaltung abgeschlossen werden. „Alt-Betzdorf ist zu einem attraktiven Einkaufszentrum geworden", stellt Bürgermeister Koeleman während der Einweihung am 25. November 1988 fest. „Hier in den als zusammenhängendem ‚Rundlauf' gestalteten Fußgängerbereichen kann der Mensch, der Einwohner wie Besucher, die Stadt wieder als Erlebnisraum kennenlernen, der ihn zum Verweilen einlädt, zur Muße, zum Gespräch, zum entspannenden Einkaufsbummel."

„DORFGERECHT" IN DAUERSBERG

Ebenfalls 1988 beschließt der Stadtrat, für das im Jahr 1969 eingemeindete Dauersberg ein

Akzeptiert von den Bürgern: der Rampenwendel in der Bahnhofstraße als Festtagskulisse am Tag der Einweihung (4. Sept. 1987).

Dorferneuerungskonzept zu erstellen. Damit soll die bauliche Entwicklung dieser Wohngemeinde entsprechend der Funktionszuweisung im Flächennutzungsplan gelenkt und eine weitere dorfgerechte Entwicklung gewährleistet werden. Zu den Maßnahmen der folgenden Jahre gehören der Ausbau der Mühlhardtstraße, die Gitterstein-Parkplätze an der Kreisstraße 107 im Bereich der Kirche und des Friedhofs, die Gestaltung des Kirchplatzes, der Neubau des Feuerwehrhauses, die Erweiterung der Anlage mit Brunnen an der Grillhütte und die Aufstellung einer neuen Wandertafel.

Erfolgreich beteiligen sich die „ländlichen" Bürger am Wettbewerb „Unser Dorf soll schöner werden". Zweimal „Landessilber" in der Sonderklasse (1982 und 1984) und ein 6. Platz in der Hauptklasse des Landesentscheids (1992) können als herausragende Ergebnisse gefeiert werden.

Wieder ist ein Abschnitt fertiggestellt: Einweihung der verkehrsberuhigten Decizer Straße u. a. mit Bürgermeister Michael Lieber und dem 1. Beigeordneten der Stadt Betzdorf, Helmut Geimer (links), am 1. Juni 1990.

„EIN TOR ZUR STADT!"

„In unserer Stadt geht es weiter voran!" kann Bürgermeister Michael Lieber am 1. Juni 1990 zur Einweihung der verkehrsberuhigten Decizer Straße, des Parkdecks und der Gerberbrücke verkünden. Mit der Fertigstellung

◄

Die Stadtkapelle unter der Leitung von Michael Velten darf bei keinem öffentlich-festlichen Ereignis in Betzdorf fehlen. Auch bei der Einweihung der Fußgängerzone Bahnhofstraße gab sie den Ton an.

dieser Baumaßnahmen habe Betzdorf einen weiteren Schritt in die Urbanität unternommen. Mit den bereits fertiggestellten Einkaufsbereichen Bahnhof- und Viktoriastraße habe die Decizer Straße die Bedeutung wie um die Jahrhundertwende als „Poststraße" gewonnen: „Ein Tor zur Stadt!"
Die sichtbaren Erfolge der Stadtsanierung − so Lieber − sollten angesichts der hohen Anforderungen an das städtebauliche Umfeld, den Standort und das Image einer Stadt Ansporn zum Weitermachen sein. Konkret für Betzdorf heiße dies, den konsequenten Weg der Innenstadtsanierung weiter zu verfolgen.

DIE „BAHNARKADE"

Und es geht weiter! Nach langwieriger Verhandlungen mit der Bundesbahn, engagiert geführter parlamentarischer und außerparlamentarischer Diskussion steht schließlich auch der Neugestaltung der unteren Bahnhofstraße nichts mehr im Weg. Bereits im Sommer 1989 hat die Stadt die Versorgungsleitungen verlegt und die „Ordnungsmaßnahme" Stützmauer entlang des Bahndamms der Strecke Betzdorf −Haiger verwirklicht. Bauherr der zweigeschossigen „Bahnarkade" ist ein privater Investor. Anfang 1990 rücken die Bautrupps für die neue Geschäftshauszeile an.

Als gelungener städtebaulicher Lückenschluß wird am 2. Mai 1992 die neugeschaffene „Fußgängerzone untere Bahnhofstraße" eingeweiht. Auch diesmal gibt es wieder Lob aus der Landeshauptstadt, diesmal von Staatsminister Walter Zuber. Als Mann seines Ranges betrachtet er den „Schlußstein zur Vollendung der Fußgängerzone und damit für eine weitgehend autofreie Innenstadt" von höherer Warte, der 30-Meter-Drehleiter der Feuerwehr. „In Betzdorf ist man, was leider nicht überall der Fall ist, den richtigen Weg gegangen und hat zunächst die Verkehrsstruktur neu geordnet und damit die Voraussetzungen für städtebauliche Erneuerungsmaßnahmen geschaffen."

„Zwischenzeitlich steht fest, daß alles seine Richtigkeit hatte, und ich glaube, wir können uns jetzt alle über diesen ‚gelungenen Abschluß der Sanierung' freuen", zieht Bürgermeister Lieber Bilanz. Zu diesem Zeitpunkt hat die Stadt Betzdorf — mit Unterstützung des Landes und des Bundes zu je einem Drittel — insgesamt 30 Mill. DM für die Sanierungsmaßnahmen ausgegeben. Außerdem wurden erhebliche Investitionen von privater Seite vorgenommen. Damit unterstreicht Betzdorf abermals die Dynamik seiner Entwicklung, seine Stellung als das Zentrum zwischen Siegerland und Westerwald.

Mittlerweile lassen Stadtsanierung und Stadterneuerung eine Einheit und eine Gesamtkonzeption erkennen. Dennoch sind sie — wie Lieber dazu ausführt — noch nicht ganz abgeschlossen.

Durch die große Brille in der Bahnhofstraße gesehen . . .

Über den Fortgang müsse noch diskutiert werden. Der Bürgermeister spricht damit den Bereich Rathaus/Hellerstraße an, der „aus dem bestehenden Konzept in konkrete Bebauungsplanungen" übergeführt werden müsse. Eine schöpferische Denkpause werde dabei guttun. Lieber: „Es kann weiter geplant werden, auch wenn die Umsetzung vielleicht nicht unmittelbar erfolgen kann. Betzdorf ist auf gutem Wege. Darauf dürfen wir ruhig ein klein wenig stolz sein . . .''

AUF KURZEN WEGEN IN DIE „CITY"

Alles in allem: Durch die große Brille vor dem Haus Ortheil am „Eingang" der Bahnhofstraße — kann sich Betzdorf gut sehen lassen. Eine freundliche Stadt lädt zum Bummeln ein! Ob mit dem Zug oder mit dem Auto, der Weg in die „City" ist nicht weit. Insgesamt 1000 Parkplätze (plus ca. 300 P + R-Parkplätze Ende 1994) befinden sich in der Nähe der Fußgängerzonen und des Geschäftszentrums Wilhelmstraße mit der dominierenden „Sieg-Passage" (1990). Kleine Brücken, Unterführungen, Treppen, Rampen oder ein von Grün umrankter Laubengang führen auf kurzen Wegen ins Herz der Stadt.

Auch am Bahnhof befinden sich die Besucher bereits mitten in der „City". Hier gibt es viel zu entdecken — schon in der Bahnhofshalle, wo ein farbenfreudiges Mosaik mit Fördergerüsten, Hochöfen und Walzen die Montanindustrie des Siegerlands weiter blühen läßt. Eisenbahnmotive und Rasenmäher verbinden sich mit dem Namen Betzdorf. Trotz der 18 000 bis 22 000 Fahrzeuge, die sich werktäglich in 24 Stunden allein im Zuge der Friedrichstraße zwischen dem Knotenpunkt Siegbrücke und Steinerother Straße bewegen, ist der Bahnhof ein Dreh- und Angelpunkt geblieben. Hier werden pro Jahr 90 000 Einzelfahrkarten im Fernverkehr und 220 000 Einzelfahrkarten im Nahverkehr verkauft, zusätzlich Abonnement- und Schülerfahrkarten. Fernweh und Wehmut zugleich weckt die mächtige Treibachse einer zuletzt im Güterzugverkehr eingesetzten Dampflokomotive der Baureihe 44 am Bahnhofsvorplatz: ein bescheidenes „Denkmal" für viele Generationen von Lokomotiven, die in Betzdorf ihre Heimat hatten.

▶

Die „Fußgängerzone untere Bahnhofstraße" mit der „Bahnarkade" im Premierenschmuck (1992).

Brücken und Rampen überwinden Bahngleise und Gefälle: Der „Rundgang" auf verschiedenen Ebenen wird zum Erlebnis.

EINLADUNG
ZUM RUNDGANG

Hier könnte ein Rundgang durch die Fußgängerzonen beginnen: ebenerdig oder über die Galerie in der Bahnhofstraße, mit „gewendelten" Aufgängen zur Fußgängerbrücke über die alte Köln-Gießener Strecke in Richtung Viktoriastraße. Die Blicke lassen sich beeindrucken von kühn aufwärtsstrebenden und brückenschlagenden Konstruktionen, den „Wahrzeichen" des neuen Betzdorfs. Inmitten des labyrinthartig wirkenden Aufgangs streckt die Kastanie ihre grünen Arme aus. Sie hat alle Rundum-

Baumaßnahmen unbeschadet überstanden und dankt mit üppiger Blütenpracht alle (Früh-)Jahre wieder. In ihrem Schatten läßt sich gemütlich verweilen, diskutieren und auch friedlich demonstrieren. „Friedenskastanie" wird sie deshalb auch genannt.

JÜDISCHE MITBÜRGER

Für einen Augenblick scheint dann die Zeit „im Wege zu stehen", die Stadt hat ein leidvolles Kapitel nicht vergessen. „Den Toten zum Gedenken, den Lebenden zur Mahnung. Zur Erinnerung an unsere jüdischen Mitbürger. 9. November 1988", ist als Inschrift eines schlichten Bronzereliefs an einer der Säulen vor der Treppe zur Viktoriastraße zu lesen.

Das anläßlich des 50. Jahrestags der Reichspogromnacht von 1938 angebrachte Metallband markiert etwa die Stelle, an der sich der Betsaal der von den Nationalsozialisten ausgelöschten jüdischen Gemeinde befand. Daß sich die Betzdorfer Juden vor ihrer Verfolgung heimisch gefühlt haben, darf angesichts einer kleinen Episode unterstellt werden, von der Helmuth Bartolosch berichtet:

„Als im Jahr 1912 der Trierer Bischof nach Betzdorf kam, soll der jüdische Mitbürger Callmann Tobias ein Transparent an einem Baum neben seinem Haus an der Hellerstraße aufgehängt haben, auf dem stand: ‚Und bin ich auch ein Israelit, so grüß' ich doch den Bischof mit!' Sicher ein Zeichen der Verbundenheit und Integration. Im Volksmund hieß der Baum lange Zeit ‚Callmanns Bischofsbaum'."

Zu den wenigen früheren jüdischen Mitbürgern, die noch einmal für einige Tage zurückkehren, zählt Klaus Tobias aus dem Kibbuz Hatzor bei Asdod (Israel). „In der Bahnhofstraße habe ich nichts mehr erkannt. Erst an der Unterführung zur Kirchstraße und dem Rathaus auf der anderen Seite wußte ich, wo ich war", vergleicht er das Betzdorf in seiner Erinnerung mit seinen ersten Eindrücken in der jungen Stadt. „Was ich zum Vorteil von Betzdorf gesehen hab', ist, daß der alte Charakter beibehalten worden ist."

Dies gilt in besonderer Weise für die älteste Geschäftsstraße, die Viktoriastraße. Verjüngt ist sie aus allen Baumaßnahmen hervorgegangen, alte Bausubstanz verbindet sich harmonisch mit dem Neuen. Hier hat Betzdorf „goldenen Boden" erhalten: Messingplatten mit den Zunftzeichen der Uhrmacher, Bäcker, Schneider und Schuhmacher blinken in der Morgensonne aus urigem Kopfsteinpflaster und weisen auf die alte Handwerkstradition in dieser Straße.

GEPFLEGTE
„FASSADENHÄUSER"

„Erbaut 1900" – „Grüss Gott, tritt ein. Bring Glück herein!" Das einst von der Familie Gerolstein erbaute Haus an der Ecke Kirch-/Rainstraße und sein Ge-

▶

Der Ausbau der Viktoriastraße zur Fußgängerzone läßt den historischen Charakter dieser ältesten Geschäftsstraße Betzdorfs wieder überzeugend zur Geltung kommen.

genüber, das Haus Helmus an der Kirchstraße, repräsentieren würdig und gepflegt das Betzdorf um die Jahrhundertwende. Auch an anderen Stellen haben „Fassadenhäuser" mit klassizistischen Stilelementen die Kriegsstürme überstanden. Als ein weiteres, das Stadtbild mitprägendes Beispiel sei das Gebäude von Friedrich Karl Schmidt mit turmartigem Aufbau und aufgesetztem Taubenhaus an der Decizer Straße genannt.

„AUFWÄRTSSTREBEND"

Jenseits des „Nadelöhrs", der Unterführung der Hellertalbahn, bestätigt ein anderes Baudenkmal noch heute beeindruckend das Selbstbewußtsein, mit dem Betzdorf erfolgreich seinen Weg von der Eigenständigkeit zur jungen Stadt gehen konnte: das Rathaus mit dem schmuckvollen, symbolhaft immer „aufwärtsstrebenden" neugotischen Giebel! Hier befindet sich die „Zentrale" der 16 534 Einwohner zählenden Verbandsgemeinde Betzdorf mit der Stadt Betzdorf, den Ortsgemeinden Alsdorf, Grünebach, Scheuerfeld und Wallmenroth. Der Fläche nach gilt sie mit 2451 Hektar als die kleinste Verbandseinheit im Regierungsbezirk Koblenz, nach der Bevölkerungsdichte liegt sie mit 1127 Einwohnern pro Quadratkilometer allerdings mit einigem Abstand an der Spitze unter den Verbandsgemeinden im Land Rheinland-Pfalz.

Die Decizer Straße – zuerst verkehrsberuhigt, jetzt Teil der beliebten Fußgängerzonen Betzdorfs.

Die Sieg und ihre kleinere Schwester, die Heller, symbolisiert von Rainer Aepfelbach auf der Brunnenwand an der unteren Bahnhofstraße.

Übrigens: die Stadt – eine weitere Entdeckung – ist reich an schmuckvollen, aber oft unauffälligen „Denkmälern" und Verzierungen. Man muß sie nur suchen und sie zu deuten versuchen: zum Beispiel die „fließende" Sieg und ihre kleinere Schwester, die Heller, auf der Brunnenwand in der „Bahnarkade". Da sind aber auch noch andere Dinge, die Liebe zum Detail verraten: Erker, Fensterfronten, Türmchen und Wetterfahnen, goldene Löwen und die farben-

froh umrankte Aufforderung an der Vorderfront des Gasthofs Neutzer-Weger: „Wirb! Glück ist mürb."

„Bonjour! Ča va?" – „Hallo! How are you?" Beim Abschluß des „Rundgangs" führt kein Weg an den Partnerstädten Decize und Ross-on-Wye vorbei, zumindest nicht auf der Decizer Straße. Die im Straßenpflaster eingelassenen Wappen „besiegeln" – so scheint es – zwei intensive Partnerschaften. Die erste wurde bereits 1965 mit der alten Loirestadt in Burgund, die zweite 1985 mit den englischen Freunden am Wye in Wales geschlossen. Auch das sind Sternstunden für Betzdorf.

BUNTES MARKTTREIBEN

Wer die Stadt „richtig" erleben will, darf den traditionell an zwei Tagen in der Woche – dienstags und freitags – stattfindenden Wochenmarkt nicht versäumen: kein „klassischer" Obst- und Gemüsemarkt, sondern ein bunter Markt für nahezu jeden Geschmack und jeden kurzfristigen Haushaltsbedarf: ein Fest für die Augen und die Gaumen, ein Ort der Begegnung und zugleich ein einzigartiges Dufterlebnis.

Mit rund 80 regelmäßigen Beschickern gilt der Markt als der größte in einem Umkreis von 100 Kilometern. An „guten" Tagen lockt er mit seinen Ständen auf der Decizer Straße, der unteren Bahnhof- und der Hellerstraße 10 000, oft sogar bis zu 15 000 Besucher an. Dann pulsiert das Leben in der jungen Stadt – aber ohne Hektik, für ein Gespräch bleibt immer noch Zeit.

DIE „SIEGPASSAGE" GANZ SCHÖN MUTIG!

Indes, Betzdorf bietet mehr als einen „Rundgang" durch seine Fußgängerzonen. Da erhebt auch die Wilhelmstraße den Anspruch, eine der attraktiven Hauptgeschäftsstraßen zu sein. Mit Recht! Dort, wo sich einst das „Germaniabad" bzw. die erste Kruppsche Bergverwaltung in Betzdorf befand, erhielt sie mit der „Siegpassage" − ganz schön mutig − ihre städtebauliche Krönung.

Für eine Stadt von 10 804 Einwohnern hat Betzdorf erstaunlich viel zu bieten. Die Besucher, die zum ersten Mal an Sieg und Heller weilen, äußern sich immer wieder überrascht über die Vielfalt und die Qualität der Geschäfte.

Der Wandel zeigt sich auch an der unteren Wilhelmstraße. Befreit von den grauen Bauten ihrer industriellen Vergangenheit, sind hier heute die Verbrauchermärkte mit ihrer breiten Angebotspalette konzentriert. Sie tragen ebenfalls dazu bei, daß sich Betzdorf zum Einkaufszentrum für einen Einzugsbereich von 50 000 bis 60 000 Menschen entwickelt hat.

BLICK „NACH OBEN" „GEWERBEPARK BETZDORF"

Heute gehört Betzdorf mit insgesamt 6500 Beschäftigten industriell und gewerblich zu den strukturstarken Bereichen der Region. Dieser Stand konnte durch Spezialisierung, Ausbau und Standortsicherung alteingesessener Betriebe und die Neuansiedlung aus dem High-Tech-Bereich (1987/88) in Bruche erreicht werden. Die Elco Europe GmbH (in Bruche mit rund 300 Mitarbeitern) produziert Steckverbinder und Verbindungssysteme für Elektronik und Mikroelektronik.

Inzwischen stößt die Stadt wegen ihrer schwierigen topographischen Tallage an die Grenzen ihrer baulichen Entwicklungsmöglichkeiten für Industrie und Gewerbe. Deshalb blieb nur noch der Blick nach „oben": nach der geographisch schon zum Westerwald gehörenden Steinerother Straße. Mit der Erschließung des 10 Hektar großen „Gewerbeparks Betzdorf" bleibt die Stadt für mittelständisches Gewerbe sprichwörtlich „auf der Höhe".

Geplant und angelegt wurde der Gewerbepark mit einer bebaubaren Fläche von 8 Hektar nach neuesten Erkenntnissen der Raumordnung und unter Berücksichtigung vieler ökologischer Aspekte.

DIE STADT IM GRÜNEN

Betzdorf ist heute als Standort bedeutender Industrieunternehmen und deren Spezialprodukte weltweit bekannt. Weniger bekannt ist die „starke" forstliche Seite der Stadt. Von ihren insgesamt 956 Hektar (einschließlich Dauersberg) bestehen rund 600 Hektar aus Wald. Allein die Stadt besitzt 100 Hektar: 48 Hektar „Gemeindewald Betzdorf" und 60 Hektar der Haubergsgenossenschaft Betzdorf. Nach geltendem Recht ist damit der Bürgermeister auch Haubergsvorsteher. Der „klassische" Hauberg als jahrhundertealte intensive Niederwaldwirtschaft des Siegerländer Wirtschaftsraums steht allerdings nur noch auf dem Papier. Rund 90 Prozent der Fläche sind inzwischen von Hochwald mit 50prozentigem Laubwaldanteil bewachsen.

Alles in allem: Die junge Stadt hat sich in ihrem ganzen Erscheinungsbild erfreulich weiterentwickelt. Aber nicht nur das Stadtbild, sondern auch die Bevölkerungsstruktur hat sich verändert. Exakt 12,21 Prozent der Bevölkerung sind ausländischer Herkunft, ein überdurchschnittlicher Anteil. Sie leben friedlich mit den Betzdorfern zusammen. Die Stadt verdankt ihre Attraktivität nicht zuletzt auch ihren schönen Wohnlagen beiderseits von Sieg und Heller. Hier läßt es sich gut leben − mitten im Zentrum und dennoch im Grünen, mit kontaktfreudigen Menschen, ihren Einkaufsmöglichkeiten, dem vielseitigen kulturellen Angebot, modernen Sport- und Freizeiteinrichtungen, einer gemütlichen Gastronomie (auch für Anspruchsvolle) und einem regen Vereinsleben. Glückliches Betzdorf!

Die beiden Aquarelle in diesem Buch, „Blick über Betzdorf zum Bühl" (am Anfang) und „Webers Wäldchen" (nebenstehend), stammen von Erwin Rickert. Er lebt seit 1969 als freischaffender Künstler und als Kunsterzieher am Freiherr-vom-Stein-Gymnasium in Betzdorf. − Die Luftaufnahme auf den beiden nächsten Seiten zeigt Betzdorf auf einen Blick.

Ein schöner Ausblick bietet sich − vor allem an klaren Frühjahrstagen − vom „Alsberg". Hier ist seit 1985 in mehreren Erschließungsabschnitten ein begehrtes Wohngebiet mit Ein- und Mehrfamilienhäusern entstanden. Die Stadt bietet kinderfreundliche Grundstückspreise an.

▶

Der Weg ins erholsame Grüne ist nicht weit: Die Rainanlagen „erwachen" wieder nach den langen Winterwochen, die ersten wärmenden Sonnenstrahlen laden zum Verweilen und zu einem „Schwätzchen" ein.

Das 1926 erbaute und 1988 restaurierte Kloster
Bruche – Missionshaus der „Heiligen Familie"
– ist durch das Wirken seiner Patres zu einem
Begriff in vielen Ländern der Welt geworden.

▶

Mit der Neugestaltung der ver-
längerten Kirchstraße konnte
die katholische St.-Ignatius-
Kirche mit in die Stadtsanierung eingebunden werden. Das
Gotteshaus – einer der größten
Sakralbauten im Kreis Altenkirchen – entstand 1880 nach
den Plänen des Kölner Bau-
meisters Vincenz Staats.

Fast noch im Schatten der St.-Ignatius-Kirche blieb ein Stück Alt-Betzdorf auf dem ehemaligen Besitz der aus Mudersbach stammenden Familie Hähner (Henner) erhalten. Mit ihr verbinden sich viele Jahrhunderte der Betzdorfer Geschichte. Johann Peter Hähner war von 1864 Gemeinde- und Waldvorsteher, bis er 1889 die Gemeindekasse übernahm. Ursprünglich gehörte das einst umfangreiche Anwesen der Familie Imhäuser.

▶

„Hähners Haus" wird dieses Doppelhaus noch heute genannt. Ein Haus mit zwei Gesichtern: an der Burgstraße befindet sich der verputzte Teil, an der Molktestraße „leuchtet" noch die durch einen Anbau erweiterte original Fachwerkfassade.

◄

Der alte Eichenbestand prägt den zentralen, parkähnlichen Standort der Stadthalle. Mit ihrer gegliederten „Dachlandschaft" und landschaftstypischen Baumaterialien fügt sie sich harmonisch in das Landschaftsbild des Hellertals ein. Der große Saal mit Empore und der Barbarasaal bieten Platz für rund 900 Besucher.

Das Altenzentrum St. Josef bietet für betagte Menschen alles unter einem Dach: das Altenheim mit 51 Plätzen und das Altenpflegeheim, in dem 38 Hausbewohner liebevoll betreut werden und wo zusätzlich fünf Kurzzeitpflegeplätze zur Verfügung stehen. Im Altenwohnheim gibt es 25 gemütliche Appartements. In der Altentagesstätte können sich ältere Menschen aus dem Haus, aus Betzdorf und Umgebung in ungezwungener Atmosphäre begegnen. Angeschlossen sind dem Altenzentrum St. Josef eine Fachklinik für geriatrische Rehabiliation (40 Betten) und eine Tagesklinik (sechs Plätze).

Die Kastanie an der Bahnstraße – alle Jahre wieder ein blühender Hoffnungsträger für Betzdorf.

▶

Auch die „Traditionsseite" der Bahnhofstraße hat sich in den letzten Jahrzehnten durch zahlreiche Neu-, Um- und Erweiterungsbauten vorteilhaft verändert.

Parkplätze befinden sich überall in der Nähe der „City": Die Geschäftsstraßen lassen sich deshalb auf kurzen Wegen mühelos zu Fuß erreichen, zum Beispiel von der harmonisch ins Stadtbild integrierten Parkfläche an der Ecke Kirch-/Tiergartenstraße. Die original englische Telefonzelle ist ein Geschenk von Schäfer Shop und ein Symbol der Partnerschaft mit Ross-on-Wye.

▶

Der größte Wochenmarkt in weitem Umkreis: Dienstags und freitags lockt er mit seinen vielfältigen Angeboten des täglichen Bedarfs in den Bereich beiderseits des Rathauses zwischen Decizer Straße und Hellerstraße. Ein Schnappschuß aus der unteren Bahnhofstraße.

Die regelmäßigen Trödelmärkte in der Bahnhofstraße und der Decizer Straße erweisen sich stets
als Anziehungspunkte für Händler, Sammler und
„Sehleute" aus dem Siegerland und dem Westerwald.

▶

Zeitgemäß mit rund 20 Ge-
schäften in zwei Geschossen
(2 000 Quadratmeter) und mit
Büros (1 000 Quadratmeter)
geschaffen: die „Siegpassage"
an der Wilhelmstraße. Über
einen Teil des Geländes verlief
früher der Weg zur historischen Furt durch die Sieg.

„Zur Altstadt" − hier geht's „drunter" − unter dem Bahndamm der Hellertalstrecke − von der Bahnhofstraße zur Viktoriastraße.

▶

Gut gepflegte bürgerliche „Fassadenhäuser" − eine architektonische Pracht. Das ehemalige Gerolsteinsche Haus (heute Helmus) an der Ecke Kirch-/Rainstraße wurde 1900 erbaut.

*Der Besuch der Betzdorfer Biergärten — wie hier
im Grünen an der Stadthalle — bedeutet ein Stück
Lebensfreude nach Feierabend.*

▶

*Das Rathaus — ein Symbol der
Zusammengehörigkeit der
Ortsgemeinden in der Ver-
bandsgemeinde Betzdorf. Ihr
hundertjähriges Bestehen
(1986) bedeutete Anlaß für
eine Festwoche mit einem
farbenprächtigen Festzug als
Höhepunkt.*

Das neugestaltete Stadion „Auf dem Bühl" – die Heimstatt der SG 06 Betzdorf – gilt nicht nur als eine moderne Sportstätte, sondern auch als Treffpunkt zur Kommunikation. Es gehört damit zum täglichen Leben.

◄

Das Molzbergstadion mit Tartanbahn und Großsporthalle: eine „sportliche" Gemeinschaftsleistung des Landkreises Altenkirchen, der Gemeinde Kirchen und der Stadt Betzdorf. Die Einrichtungen dienen dem Leistungs- und dem Breitensport. Hier finden internationale Sportfeste statt.

◀

Nach der Neugestaltung der Freizeitanlage auf dem Molzberg blieb das Freibad mit dem 50x21-Meter-Sportbecken und dem separaten Sprungbecken (10-Meter-Turm) in seiner großzügigen Form erhalten: ein herrliches Badeerlebnis in der Berglandschaft über dem Siegtal!

Ein Badeparadies für jede Altersstufe und für jede Jahreszeit in einer Palmenlandschaft: das Wellenbad des Bäderzweckverbandes Betzdorf-Kirchen (Träger) und der „Monte mare"-Freizeitbad GmbH (Betreiberin) unter dem sonnendurchlässigen Dach. Die Riesen-Ganzjahresrutsche (siehe nebenstehendes Bild) führt in den überdachten Bereich.

Die „glücklichen" Kühe von Betzdorf weiden in Dauersberg. Zwei Vollerwerbsbetriebe halten die Tradition des einst ausschließlich von der Land- und Forstwirtschaft geprägten Orts aufrecht.

▶

Der rund 250 Einwohner zäh- lende Stadtteil Dauersberg hat seine dörfliche Eigenart be- wahrt. Deutlich wurde dies be- sonders während der 700-Jahr- Feier des bereits 1291 urkund- lich genannten Orts.

Vielseitig und auch für gehobene Ansprüche bietet die Betzdorfer Gastronomie ihre Dienste an. Im Bild: „Essen wie im Mittelalter an der Bauerntafel" mit Musik für Herz und Gemüt vom „Schwartenhalß" in der gemütlichen „Scheune" (Hotel „Breidenbacher Hof").

Vor dem „Tor zur Stadt" grüßen die Fahnen Europas, der Bundesrepublik, Frankreichs und Großbritanniens (Partnerstädte). Das Haus von Friedrich Karl Schmidt (Decizer Straße) bildet einen würdevollen Hintergrund.

Seit 1985. besteht die Partnerschaft zwischen Ross-on-Wye und Betzdorf. Tief beeindruckt von der Herzlichkeit und Gastfreundschaft ihrer englischen Gastgeber in Ross-on-Wye: ein Teil der Betzdorfer Gruppe während der 7. Partnerschaftsbegegnung (1993) vor der imposanten Kulisse von Caerphilly Castle in Süd-Wales.

Partnerschaft – die wirksamste Friedensbewegung. Am 19. Juni 1965 wurde die „Jumelage" Decize–Betzdorf geschlossen. Seitdem finden alljährlich im Wechsel freundschaftliche Begegnungen der Bürger in einer der beiden Städte statt, „um damit die Verständigung zu fördern und dauerhaften Frieden zu bewirken" (Partnerschaftsurkunde). – Nebenstehendes Bild: Festakt zum 25jährigen Bestehen (1990) vor dem Rathaus der alten Loirestadt.

◄

Große Eisensprossenfenster erinnern noch an die Glanzzeit der Eisenbahn. Seitdem 1976 die letzten Dampflokomotiven in Betzdorf verabschiedet wurden, „trümmert" der Lokschuppen allmählich vor sich hin. Der Kulturverein „Lokschuppen" konnte nur noch seinen Namen übernehmen.

Auf Schiene und Straße unterwegs: Von 1954 bis 1967 verkehrte der „Schi-Stra-Bus" zwischen Koblenz und Betzdorf. Bei festlichen Anlässen kommt er aus dem Eisenbahnmuseum Bochum-Dahlhausen wieder zurück.

Im Heißluftballon „D-Erzquell" an einem frühen Sommerabend über Betzdorf. Das Bild kurz nach dem Start zeigt den Stadtteil Bruche u. a. mit der St.-Christophorus-Schule, der Pfarrkirche „Maria Königin" und einem Teil des Industriegeländes (im Hintergrund).

▶

Bei kräftiger Thermik im Siegtal hat der Ballon schnell an Fahrt in Richtung Alsdorf gewonnen. Das Kameraauge blickt nun aus ungewohnter Perspektive in rund 1000 Meter Höhe nach der Fahrt über den „Bühl" auf die „City". Straßen, Brücken und Schienen verdeutlichen die Funktion Betzdorfs als Verkehrsknotenpunkt und städtisches Zentrum.

„Maria Königin", die Pfarrkirche in Bruche, hat sich mit den bunten Farben des Herbsts festlich geschmückt.

◄

Die Stadt ist reich an schmuckvollen Details: Rundfenster über dem Eingang der nach den Plänen von Dombaumeister Hertel aus Leipzig in den Jahren 1894/95 erbauten evangelischen Kreuzkirche. „Eine der schönsten Kirchen der ganzen Gegend", wie Dr. August Wolf schreibt.

Ein Kleinod am Rande der Stadt: die 1951 auf Initiative von Pfarrer Ignatz Fuhrmann erbaute und geweihte Marienkapelle auf dem „Kreuzland". Um die Kapelle sind 14 künstlerisch gestaltete Stationen des Leidenswegs von Jesus Christus gruppiert.

▶

Ein stimmungsvolles Bild bietet sich an den langen Winterabenden vor der Stadthalle, zusätzlich zur Beleuchtung des Eichenbestands erstrahlen festlich die Lichter des Weihnachtsbaums.

JUNGE STADT – STATISTISCH
Stadt Betzdorf einschließlich Dauersberg / Stand: 30. Juni 1993

Altersgruppen:	bis 9 Jahre	1129	10,44
	10–19 Jahre	1200	11,10
	20–29 Jahre	1608	14,86
	30–39 Jahre	1686	15,60
	40–49 Jahre	1330	12,31
	50–59 Jahre	1382	12,79
	60–69 Jahre	1075	9,95
	70–79 Jahre	895	8,28
	80–89 Jahre	452	4,18
	90–99 Jahre	47	0,43
	ab 100 Jahre	–	–
	gesamt	10804	100,00
	bis 2 Jahre	296	2,73
	3– 5 Jahre	393	3,63
	6–15 Jahre	1175	10,87
	16–17 Jahre	219	2,02
	18–20 Jahre	354	3,27
	gesamt	2437	22,55
Familienstand:	ledig	4092	37,87
	verheiratet	5281	48,88
	verheiratet/getrennt lebend	85	0,78
	verwitwet	949	8,78
	geschieden	397	3,67
Religion:	evangelisch	2764	25,58
(Auszug)	römisch-katholisch	6083	56,30
	freirel. Landesgem. der Pfalz	8	0,07
	versch. (nicht umgesetzt)	364	3,36
	sonstige	909	8,41
Wohnungsart:	Hauptwohnung	10604	98,14
	davon m. Nebenwohnung außerhalb	289	2,67
	Nebenwohnung in der Gemeinde	200	1,85
Staatsangehörigkeit:	Deutsch	9485	87,89
(Auszug)	Griechisch	242	2,23
	Italienisch	97	0,89
	Jugoslawisch (ehemals)	28	0,25
	Niederländisch	16	0,14
	Polnisch	33	0,30
	Rumänisch	8	0,07
	Spanisch	19	0,17
	Türkisch	677	6,26
	Ungarisch	7	0,06
	Britisch	19	0,17
	Tunesisch	23	0,21
	Vietnamesisch	22	0,20
	Syrisch	9	0,08

Anzahl der Straßen:	190
Häuser:	2698
Familien:	5124
Einwohner insgesamt:	10 804

Bürgermeister der Gemeinde bzw. Stadt Betzdorf seit Gründung der Bürgermeisterei Betzdorf im Jahr 1886:

Johann-Peter Hähner	1886–1890
Eduard Gontermann	1890–1899
Ferdinand Weber	1899–1919
Albert Klappert	1919–1928
Franz Schmidt	1928–1929
Dr. Fritz Althof	1929–1933
Otto Hanstein	4/33–6/33
Heinrich Bergerhoff	1933–1935
Rudolf Camphausen	1935–1946
Heinrich Schmidt	1946–1950
Walter Kastner	1950–1954
Hanns Kraemer	1954–1967
Wilhelm Neuß	1967–1977
Rudolf Schwan	1978–1985
Peter Koeleman	1985–1988
Michael Lieber	seit 1989

Quellenhinweise

„Die Karten deutscher Länder im Brüsseler Atlas des Christian S'Grooten" (1573), Abhandlungen der Akademie der Wissenschaften in Göttingen, Vandenhoek & Rupprecht, 1959, herausgegeben von Hans Mortensen und Arend Lang.

„Siegerländer Heimatkalender auf das Jahr 1921", herausgegeben vom Verein für Heimatkunde und Heimatschutz im Siegerland samt Nachbargebieten, Siegen.

„Geschichte von Betzdorf und den Ortschaften Alsdorf, Bruche, Dauersberg, Grünebach, Sassenroth, Scheuerfeld, Wallmenroth" von Dr. August Wolf, Siegblätter-Verlag Betzdorf, 1951.

„Bevor die Lichter erloschen. —Der Kampf um das Erz. Von Bergleuten und Gruben, vom Glanz und Elend des Bergbaus zwischen Sieg und Wied" von Horst G. Koch. 5. Auflage, Verlag Gudrun Koch, Siegen.

Heimatkundliche Beiträge in der Rhein-Zeitung und in der Siegener Zeitung, Sonderbeilage der Rhein-Zeitung anläßlich der Erhebung Betzdorfs zur Titularstadt am 10. Oktober 1953.

„Der wirtschaftliche und soziale Wandel des Raumes Betzdorf-Kirchen im 19. Jahrhundert", von Werner Stinner, Eigenverlag in Kirchen, 1974.

„Das alte Betzdorf in Lichtbildern von Peter Weller", im Auftrag der Stadt Betzdorf von Dr. Wilhelm Güthling (Siegen) herausgegeben, Betzdorf, 1963.

„Denkschrift zur Begründung der Petition der Gemeinden Betzdorf, Alsdorf, Grünebach, Sassenroth, Dauersberg, Scheuerfeld, Bruche und Wallmenroth um Abtrennung von der Bürgermeisterei Kirchen und Zusammenlegung zu einer Bürgermeisterei Betzdorf", Betzdorf, 1884.

„Das Siegthal. Ein Führer von der Mündung bis zur Quelle des Flusses und durch seine Seitenthäler. Zugleich Handbuch für Reisende auf der Deutz-Siegener Eisenbahn" von Ernst Weyden, Adolf Simples Verlag, Leipzig 1865.

Gesamtarchiv von Helmuth Bartolosch, Betzdorf.

„Historischer Atlas der Stadt Betzdorf, von Helmuth Bartolosch, Selbstverlag in Betzdorf, 1971.

„Heimatjahrbuch des Kreises Altenkirchen, 1974", herausgegeben vom Heimatverein für den Kreis Altenkirchen: „Dr. Konrad Betzdorf (1518—1586)" von Humbert Schmidt.

„Schulen im Wandel. Chance für jedermann", Dokumentationen über Geschichte, Kultur, Wirtschaft und kommunales Leben im Kreis Altenkirchen, Band 4/ 1972: „Stationen aus einem Lebenslauf. Zwischen Gründerzeit und Krieg" von Horst G. Koch.

„Stadt Betzdorf (Sieg)", herausgegeben zur Stadtwerdung Betzdorfs am 10. Oktober 1953 im Auftrag des Gemeinderats.

Aufzeichnungen aus der Nachkriegszeit von Johannes Baldus, P. Forneberg und Albert Lück, alle Betzdorf.

„Alfred Krupp und sein Geschlecht" von Wilhelm Berdrow, Verlag für Sozialpolitik, Wirtschaft und Statistik Paul Schmidt, Berlin SW 68, 1943.

„Die Verehrung der hl. Barbara im Oberkreis Altenkirchen" (1. Teil) von Humbert Schmidt, Heimatjahrbuch des Kreises Altenkirchen 1987.

„St.-Barbara-Tag, ein Festtag schon im Mittelalter" von Erich Vierbuchen, Rhein-Zeitung vom 22. Oktober 1992.

Generalverkehrsplan der Stadt Betzdorf, Kocks Consult GmbH, Koblenz 1992.

„700 Jahre Dauersberg. — ,Tursberg' 1291 — Dauersberg 1991." Chronologisch aufgearbeitet von Ulrich Hetzel. Herausgegeben von der Stadt Betzdorf 1991.

Betzdorf-Sieg
Rathaus u. Markt

F.J. Magnus